普 通 高 等 职 业 教 育 规 划 教 材
21世纪卓越汽车应用型人才培养专用教材　总主编　邹晓东

汽车维修知识与技能

组　编　中锐教育研究院
主　编　杨　志　赵玉果　朱兴隆
副主编　刘宝杰　尤丽刚

同济大学出版社
TONGJI UNIVERSITY PRESS

内 容 提 要

本书根据德国工商大会(IHK)教学模式和教学标准,结合中国汽车企业人才需求标准,将引进的德国汽车技术服务类课程经过本地化改编而成。内容组织上以工作过程系统化为导向,以学习情境为教学单元,将工作过程系统地映射到教学过程中。通过完成学习情境中设定的任务和项目,采用资讯、小组讨论或现场实训、检查评估等教学环节达到培养学生专业能力、个人能力、社会能力的教学目标。

本书是中锐华汽教育推出的汽车估损与理赔类课程系列教材的第3个学习领域"汽车维修知识及技能"。全书共分为6个学习情境,包括27个任务。内容包括汽车维修设备及工具的使用常识、汽车钣金喷漆流程、常见外饰件及内饰件的维修、常见钣金件的维修、常见底盘件的维修、常见电器件的维修。

本书用于高等职业院校汽车估损与理赔专业学生课堂使用,随本书配套有相应的电子版教学资源文件包供广大师生教学和学习使用。

图书在版编目(CIP)数据

汽车维修知识与技能/杨志,赵玉果,朱兴隆主编.
--上海:同济大学出版社,2014.1
ISBN 978-7-5608-5385-7

Ⅰ.①汽… Ⅱ.①杨…②赵…③朱… Ⅲ.①汽车-车辆修理-高等职业教育-教材 Ⅳ.①U472.4

中国版本图书馆CIP数据核字(2013)第320175号

普 通 高 等 职 业 教 育 规 划 教 材
21世纪卓越汽车应用型人才培养专用教材　总主编　邹晓东

汽车维修知识与技能

组编　中锐教育研究院　**主编**　杨　志　赵玉果　朱兴隆　**副主编**　刘宝杰　尤丽刚

责任编辑　陈佳蔚　**责任校对**　徐春莲　**封面设计**　王　璐　**项目执行**　陈佳蔚　王　璐

出版发行　同济大学出版社(www.tongjipress.com.cn　地址:上海市四平路1239号
邮编200092　电话021-65985622)
经　　销　全国各地新华书店
印　　刷　常熟大宏印刷有限公司
开　　本　889 mm×1 194 mm　1/16
印　　张　11.25
印　　数　2001—3000
字　　数　360 000
版　　次　2014年1月第1版　2015年12月第2次印刷
书　　号　ISBN 978-7-5608-5385-7

定　　价　28.00元

序(一)

职业教育与普通教育的显著差别，在于职业教育是一种跨界的教育。职业教育所具有的这一跨界特征，集中表现在如下三个方面：

其一，校企合作的办学模式，跨越了传统的只有学校一个学习地点的围城，由此，职业教育既要关注学校教育的规律，还要关注企业教育的规律；

其二，工学结合的人才培养，跨越了传统的只有课堂一种学习方式的视域，由此，职业教育既要关注基于认知的学习方式，又要关注基于工作的学习方式；

其三，职业教育的培养目标，跨越了传统的只有教育一种社会功能的范畴，由此，职业教育既要关注教书育人张扬个性的教育目标，又要关注服务经济社会发展的目标。

纵观世界，凡是职业教育比较发达的国家，例如，德国、瑞士的"双元制"职业教育、澳大利亚的"技术与继续教育"等，正是由于其遵循了这一跨界的基本规律，都为各自国家经济、社会的发展，提供了大批高质量、高素质的技能人才，使得职业教育成为国家核心竞争力的要素。

任何类型的教育，课程始终是人才培养的核心。跨界的职业教育，其课程也必然要遵循跨界的基本规律。20世纪末，德国"双元制"职业教育对课程进行了全方位的改革，提出了被称为"学习领域"的课程方案。这是在对传统的、基于知识存储的学科系统指向的课程的革命性突破的基础之上，所提出的一种现代的、基于知识应用的工作过程导向的课程。

德国职业教育发展的这一宝贵经验，为中国职业教育的改革提供了学习和借鉴的参照。伴随着中国改革开放30多年的进程，中国职业教育如何才能为国家现代化建设培养大批既能满足经济发展需要，又能满足个性发展需要的高素质技能人才呢？为此，我国职业教育战线的有识之士，紧密结合国情，对此进行了卓有成效的探索。近十多年来，随着德国基于工作过程的学习领域课程的引入，也引发了我们对职业教育课程本质的思考：要实现企业需求与个性发展的集成，进而实现职业性与教育性的结合，一方面要求课程改革必须从知识的存储为主转向知识的应用为主；另一方面，还要求学习国外的经验必须从简单照搬转向借鉴创新。近年来，在课程改革的过程中，我们通过融入中国哲学思想的本土化尝试，在德国工作过程导向的课程方案的基础上，提出了工作过程系统化的课程方案，从而在理论创新和实践探索方面，都取得了较大的成效。

所谓工作过程系统化课程，其本质在于：第一，课程体系的构建必须遵循职业成长的规律和认知学习的规律，要把功利性的需求与人本性的发展结合起来；课程体系中的每一门课程，都是一个经过教育学的"模式化处理"的、源于实践而高于实践的完整的工作过程，课程名称采用动宾结构的词组而非纯名词的词组，以突显职业教育的特征；第二，每门课程的设计必须由三个以上的学习情境构成，旨在通过基于同一范畴的三个以上工作过程的比较学习，使学生通过"比较—迁移—内化"的学习过程，获得思维方式的训练，以获得可持续发展的能力。在这里，学习情境的设计还要遵循两个重要原则：一是学习情境的设计必须具备典型的工作过程特征，即要突显不同职业在工作的对象、内容、手段、组织、产品和环境等六个要素的特征，这是对已经存在的、与职业相关的具体工作过程的映射与把握，旨在使学生获得从业的职业能力；二是学习情境的设计还必须实现完整的思维过程训练，即要完成逐步增强的所谓资讯、决策、计划、实施、检查、评价的“六阶段”训练，这是对指导一切具体工作过程的“工作过程”——思维工作过程的概括与抽象，以应对未知的职业具体工作过程，旨在使学生获得致力于自身发展的方法论能力。

令人欣慰的是，近年来，工作过程系统化课程已逐渐为广大职业院校所认同。职业教育的课程，已逐渐摆脱传统的学科结构系统化课程的束缚，向着更加符合职业教育规律的工作过程系统化课程的改革方向前行。而更加令人高兴的是，除了教育部门的职业院校和经济部门的行业企业，在职业教育受到越来越多的社会各界重视和关注的同时，国内的一些教育集团或公司，更是对职业教育注入了极大的热情，并身体力行，在职业教育的课程开发和教学软件等方面，做出了很大贡献。

其中，致力于职业教育投资、管理和服务的中锐集团公司，就是众多成绩和效果都比较突出的公司中的一个。中锐集团公司顺应市场需求，以汽车职业教育为龙头，与国内40多所高校共建汽车职业教育汽车学院与实训基地，并结合国内汽车企业相关岗位的用人标准及国内高职院校的实际情况，在参照德国“工作过程导向”的学习领域课程方案的基础上，根据我国自行开发的工作过程系统化课程的理论创新和设计思路，编写了一套相关教材。

例如，“汽车检测与维修专业”，首先，在课程体系的开发方面，设置了17个学习领域。这17个学习领域课程被分为三个学习阶段：第一阶段以学习汽车维护保养和机械结构检修为主，第二阶段以学习汽车电控系统检修为主，第三阶段以学习汽车综合故障诊断和整车性能检测为主。这样的递进安排遵循了由浅入深、由简单到复杂、由经验到策略的技能成长规律；其次，在每门课程的开发方面，又为每一学习领域设置了三个以上的学习情境，每一学习情境又都是一个完整的工作过程，遵循比较—迁移—内化的学习规律。

在逻辑上，这些学习情境之间具有平行、递进和包容等关系。比如，“汽油发动机管理系统故障诊断与维修”学习领域，设置了“空气供给系统检修”、“燃油供给系统检修”、“点火系统检修”、“排放系统检修”、“综合故障检修”等5个学习情境，前4个学习情境之间为并列关系，第5个情境与前4个情境为包容关系。每一学习情境的内部结构，也是按照完整的工作过程序化的，如在“空气供给系统检修”这个学习情境中，根据故障检修的实际工作顺序，又分为“空气流量计的检修”、“进气压力传感器的检修”、“节气门体的检修”三个阶段性的任务。

由于课程设计始终遵循“操作步骤重复而内容不重复”的工作过程系统化原则，通过对5个学习情境所体现的检修工作过程的比较，不仅能使学生把握“空气供给系统检修”的具体工作过程，而且能逐渐把握“资讯、决策、计划、实施、检查、评价”的思维工作过程。其中，在“资讯”环节给出汽修行业操作规范的共性的操作步骤；在“计划”和“实施”环节，要求学生结合在教学中使用的多种不同实训车型，制定出差异化的工作计划并实施；然后通过对不同实训车型的重复多次的操作，不仅可使学生达到职业要求的熟练操作程度，而且又通过对不同实训车型制定不同实施方案的比较学习，有利于培养学生应对同一工作过程中出现的不同情况而采用不同处理方法的能力，最终实现由经验型技能向策略型技能的跃迁。

中锐教育集团在研发这套教材的同时，还开发出了配套的教学设备和教学软件，实现了课程教材、教学设备、教学软件三个教学元素的一体化。这就使得职业教育的课程开发、教学实施，获得了相关教学资源的支撑。

总之，这套教材不仅引入了德国的"双元制"职业教育理念，而且结合了中国汽车行业对人才的需求和岗位要求，体现和反映了中国汽车行业的一些特点。

真诚希望中锐教育集团公司这套教材的出版，能对我国汽车职业教育的教学改革和创新有所裨益，也期待有更多的教育公司等社会机构，参加和参与职业教育。

同样，祈望各位读者朋友们，也能对这套教材提出宝贵的意见和建议。

升级版的中国经济发展，呼唤着升级版的职业教育，让我们为之奋斗吧！

（教育部职业技术教育中心研究所研究员）

2013年7月20日

Vorwort

Gerne komme ich der herzlichen Einladung der Chiway Education Group Shanghai nach, dieses Vorwort zu verfassen.

Bereit seit Jahren verfolge ich äußerst interessiert die Entwicklung der Chiway Education Group Shanghai im Bereich der beruflichen Bildung. Dabei beindruckt mich insbesondere ein derzeit laufendes, innovatives Berufsbildungsmodell, das sich durch die Kooperation zwischen Industrie und Schule auszeichnet.

Der Austausch und die Kooperation zwischen China und Deutschland im Bereich der beruflichen Bildung entwickeln in einer sehr positiven Art in schnellen Schritten immer weiter. Die AHK widmet sich dabei intensiv dem Transfer dualer Prinzipien des bewährten deutschen Systems der dualen Berufsausbildung nach China.

Nach mehrjährigen Erfahrungen bei der Übertragung und Durchführen wurde immer klarer, dass wir in China andere Voraussetzungen als in Deutschland vorfinden. Daher kann und darf das deutsche System der dualen Berufsausbildung nicht einfach kopiert werden.

Jedoch hat die Idee der dualen Berufsausbildung in China bereits fruchtbaren Boden gefunden um sich weiter zu entwickeln und alle beteiligten Parteien wie berufliche Schulen, Berufsbildungsgruppen und Unternehmenkönnen davon profitieren.

Chiway, als eine markführende Berufsbildungsgruppe hat bereits viele interessante Erfahrungen mit dem Berufsbildungsmodell gesammelt und konnte dadurch große Erfolge erzielen. Bildungsaktivitäten wie Curriculum Entwicklung, Unterricht, Zusammenstellung der Lehrbücher, Einführen der praktischen bzw. betrieblichen Ausbildung seien hier beispielhaft angeführt.

Durch den Aufbau einer strategischen Kooperationspartnerschaft mit der AHK stärkt Chiway zugleich die Kooperation und den Austausch mit Deutschland im Bereich der beruflichen Bildung.

In Deutschland benutzt man eine Vielzahl von Lernmaterialien, unter anderem sollen die Schüler Arbeitsaufträge erledigen und Arbeitsblätter bearbeiten. Bereits in die Unterrichtsvorbereitung muss der Lehrer viel Arbeit und pädagogisches Geschick legen. Im Unterricht werden die Schüler arbeitsprozes-sorientiertherangeführt Arbeitsblätter zu bearbeiten, Arbeitsaufträge zu erledigen, und Projekte selbstständig durchzuführen. Hierdurch stehen die Schüler im Unterricht im Mittelpunkt und werden zum aktiven Lernen motiviert.

Die Situationen in Deutschland sind anders als in China, auch der Markt in Deutschland ist anders, d.h. der Markt in Deutschland dafür reifer als in China.Die deutschen Arbeitsaufträge oder Arbeitsblätter einfach unverändert in chinesische Lehrbücher zu übernehmen kann sicherlich nicht erfolgreich sein. Daher hat Chiway die deutschen Ideen zur dualen Berufsbildung, die vom Ausbildungsumfeld und den betrieblichen Bedürfnissen ausgehen aufgegriffen und innovativ auf die chinesischen Verhältnisse angepasst.

Die praxisorientierte Durchführung der Berufsausbildung durch Chiway bringt uns viele wertvolle Erfahrungen beim Transfer der deutschen Berufsbildung nach China. Die innovative Entwicklung der chinesischen Berufsbildung wird davon profitieren und sich auszahlen.

Ich wünsche Chiway weiterhin viel Erfolg im Bereich der beruflichen Bildung.

Britta Buschfeld

2013.7

序(二)

应上海中锐教育集团盛情之邀,为这套教材作序。实际上近些年个人一直在关注中锐的职业教育工作,吸引我的是其正在实践和创新的产教合作职教模式。

中德之间在职业教育领域的交流和合作一直在蓬勃进行当中,德国工商会也一直致力于把德国的职业教育体系双元制原则引入到中国。经过不断地尝试和实践,我们发现,中国与德国国情不同,无法照搬照抄德国双元制职业教育体系,但双元制的职业教育理念在中国获得了丰富的土壤,职业院校、职教集团、用人企业都获益匪浅。中锐作为一家领先的职业教育集团,在职业教育模式上做了很多有趣的尝试并获得了很大的成果,其中就包括在课程开发、教学、教材编写、学生实习实训等教育活动中引入德国的双元制职业教育理念。同时,中锐也通过与德国工商大会上海代表处建立战略合作关系加强了与德国职业教育领域的合作和交流。

实际上,原汁原味的德国职教模式在教学中使用多种素材,其中包括项目单或工作页,教师在课堂下做足工夫,课堂上按照项目教学法及面向工作过程教学法引导学生完成项目单或工作页内容的填写,充分发挥学生在教学中的主体作用,调动学生学习的主动性和积极性。中国与德国国情不同,汽车市场的发育成熟度也不一样,在教材内容的选择上,简单照搬德国项目单或工作页上的内容显然是行不通的。对此,中锐在引进和吸收德国职业教育的思想和理念基础上,根据教学环境、企业需求等实际情况进行了本土化的创新。

中锐的职教实践为我们总结出了很多值得借鉴的德国职教模式中国本土化的宝贵经验。中国职业教育的创新发展必能从中获益。

祝愿中锐教育集团在职业教育领域再创辉煌!

Britta Buschfeld

(德国工商大会 职业培训与教育总监)

2013 年 7 月

前　言

进入 21 世纪，中国内地的汽车保有量大幅增加，汽车已由一种奢侈品转变为人们的代步工具。汽车数量的增加，给原本在所难免的车辆事故又增大了发生的概率，这也间接推动了汽车保险行业的发展。为了满足市场的需求，汽车查勘定损人员的培养迫在眉睫，培养出一批汽车基础知识扎实并且技能出众的保险人员更是职业院校汽车类专业的重要培养方向和目标。本学习领域就是针对汽车保险人员应该掌握的汽车相关知识及技能所开设的课程，是培养汽车保险查勘员和估损师专业技能的入门教材。

本学习领域主要介绍汽车的基本构造、汽车配件、汽车材料等相关知识，以满足汽车保险查勘员和估损师在处理事故车时所需知识储备的要求。本着够用为主的原则，内容包括汽车维修设备及工具的使用常识、汽车钣金喷漆流程、常见外饰件及内饰件的维修、常见钣金件的维修、常见底盘件的维修、常见电器件的维修。

本课程的学习通过情境导入、资讯、小组讨论和评价等教学环节完成。其中，资讯部分为后续的小组讨论和评价等环节的开展奠定理论基础，做好相应知识准备；小组讨论是让学生对项目中涉及的知识、规则、观点进行思考和分析，以分组讨论的形式对上述内容做进一步引申，实现对上述内容认识、领会和接受的目的；现场实训是根据资讯中的理论指导，对需要完成的项目进行实际演练，完成相应的实践任务；最后由教师对学生的分组讨论情况和实践结果进行综合评估。

本书由杨志、赵玉果、朱兴隆主编，刘宝杰、尤丽刚副主编，褚杰参与编写并审核。在本书的编写过程中，机械工业教育发展中心主任陈晓明、教育部职业技术教育中心研究所研究员姜大源、德国工商大会(IHK)上海代表处职业培训与教育总监白丽塔(Britta Buschfeld)等给予了指导并提出了许多宝贵意见，在此深表感谢。

由于编者水平和能力有限，书中难免会出现一些错误，敬请广大师生谅解和批评！

编　者

2014 年 1 月

目　　录

学习情境1　汽车维修设备及工具的使用常识

【学习目标】

1. 了解机电维修设备及工具的使用常识；
2. 了解钣喷维修设备及工具的使用常识。

【情境导入】

“工欲善其事，必先利其器”，维修工具对汽车维修作业来说必不可少，不同的维修作业，有不同的维修工具，本章主要介绍机电、钣金、喷漆三类维修工种的维修设备、工具及其使用常识。

任务1　机电维修设备及工具的使用常识

一、学习目标

1. 了解机电车间常见的维修设备及工具；
2. 了解维修设备的使用常识；
3. 了解四轮定位仪数据的基本识读。

二、学习内容

1. 机电车间常见的维修设备及工具；
2. 维修设备的使用常识；
3. 四轮定位仪数据的基本识读。

三、资讯

（一）维修设备

1. 举升机

举升机包括“四柱”举升机、“两柱”举升机以及“剪式”举升机，如图1－1—图1-3所示。举升机用于举升车辆，尤其在进行底盘作业时，必须要举升车辆进行维修。操作时一定要遵循举升机的使用说明使用举升机，否则会造成严重事故。当车辆被举升而举升机尚未锁止时，举升机下禁止站人。举升机要定期进行维护保养，以保证设备的正常使用。

图1－1　四柱举升机

图1－2　两柱举升机

2. 扒胎机

在使用扒胎机(图 1-4)时,要注意工具卡入轮胎的位置,否则容易损坏轮胎。车辆更换完轮胎后必须做动平衡。

图 1-3 剪式举升机

图 1-4 扒胎机

3. 动平衡仪

做动平衡时,一定要准确输入车轮半径、轮辋宽度以及检测仪器到轮辋的距离,否则做的动平衡是不准确的,如图 1-5 所示。

4. 四轮定位仪

车辆做四轮定位的作用有:保证行驶安全,避免轮胎磨损,保持直行时转向盘正直,维持直线行车,使转向后转向盘自动归正等。底盘件受损的事故车修复好后,都要通过四轮定位仪做四轮定位,如图 1-6 所示。如果事故车的四轮定位数据经过调整后还不正确,就要检查待定更换件是否影响了定位数据,确认更换后再做四轮定位,直至定位数据正确为止。四轮定位的数据,如图 1-7 所示,红色区(−2.83°,−1.86°,0.33°,0.38°)表示不正常的数据,经调整正确后数据显示为绿色(−0.14°,

图 1-5 动平衡仪

图 1-6 四轮定位仪

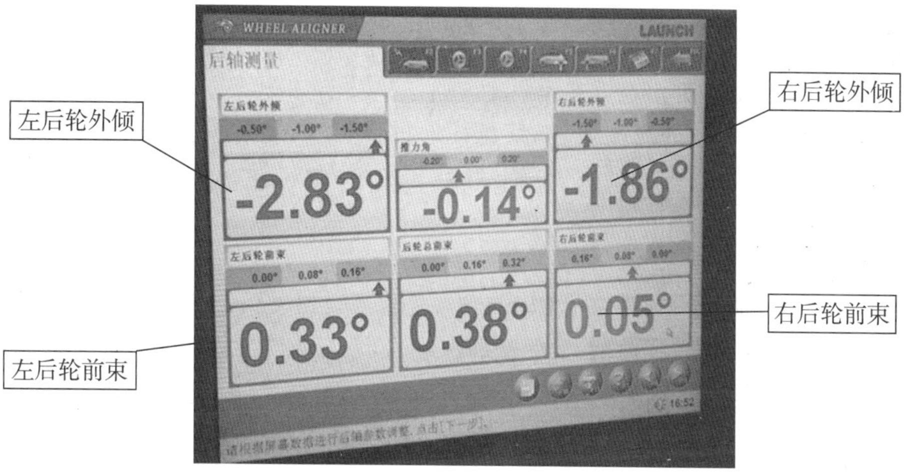

图 1-7　四轮定位数据

0.05°)，在四轮定位中，其中外倾角和前束是最重要的四轮定位数据。

(二) 维修工具

常用维修工具有：扳手类(包括套筒扳手、开口扳手、扭力扳手等)、螺钉旋具类(包括一字螺丝刀和十字螺丝刀)、钳子类(包括尖嘴钳、斜口钳、鲤鱼钳、卡簧钳等)、检测类(包括卷尺、万用表)等。使用工具进行维修时要掌握正确的使用方法，正确拆装，否则既容易伤害到自己又会造成车辆及维修工具的损坏。

1. 套筒

套筒由多个带六角孔或十二角孔的套筒并配有手柄、接杆等多种附件组成，特别适用于拧转空间十分狭小或凹陷很深处的螺栓或螺母，如图 1-8 所示。使用棘轮手柄扳转时，不得拆装过紧的螺栓螺母，以免损坏棘轮手柄。

2. 开口扳手

开口扳手是指一端或两端有固定尺寸的开口，用以拧转一定尺寸的螺栓或螺母，如图 1-9 所示。使用时不得在扳手上加套管或锤击，以免损坏扳手或损伤螺栓螺母；也不得把扳手当作撬棒使用；禁止使用开口处磨损过度的扳手，以免损坏螺栓螺母的六角。

图 1-8　套筒

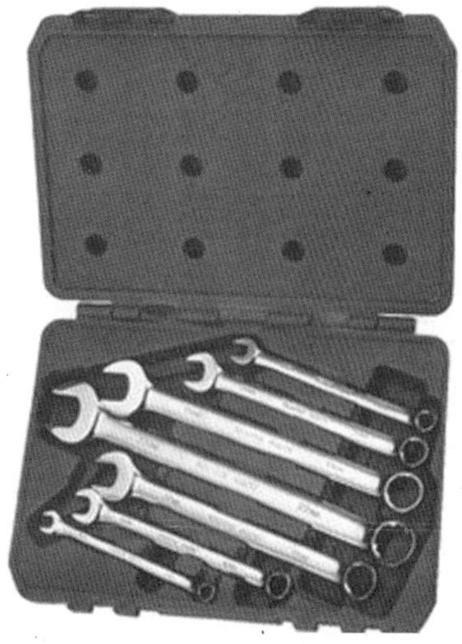

图 1-9　开口扳手

3. 扭力扳手

扭力扳手在拧转螺栓或螺母时，能显示出所施加的扭矩，或者当施加的扭矩到达规定值后，会发出光或声响的信号，适用于对扭矩大小有明确规定的装配，如图 1－10 所示。拆装时用左手把住套筒，右手握紧扭力扳手手柄，往身边扳转，禁止往外推，以免滑脱而损伤身体；拧紧螺栓螺母时，不能用力过猛，以免损坏螺纹，当拧紧到发出信号"咔嗒"的一声(已达到预设扭矩值)，则停止加力，一次操作完毕。

4. 螺钉旋具

螺钉旋具俗称起子，常用的有一字形和十字形，如图 1－11 所示。使用时，以右手握持旋具，手心抵住旋具柄端，让旋具口端与螺钉槽口处于垂直吻合状态；扭转时施加一定的压力，以免旋具滑脱。禁止将起子当撬棒或錾子使用。

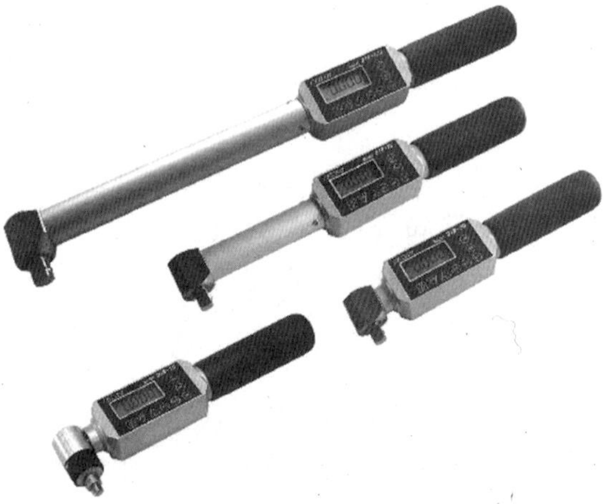

图 1－10　扭力扳手

图 1－11　螺钉旋具

5. 钳子

使用前应擦净钳子上的油污，以免工作时滑脱而导致事故；钳子的规格应与工件规格相适应，以免钳子小工件大造成钳子受力过大而损坏。严禁用钳子代替扳手使用，以免损坏螺栓螺母等工件的棱角；也不可用钳子代替锤子敲击零件。尖嘴钳如图 1－12 所示，鲤鱼钳如图 1－13 所示。

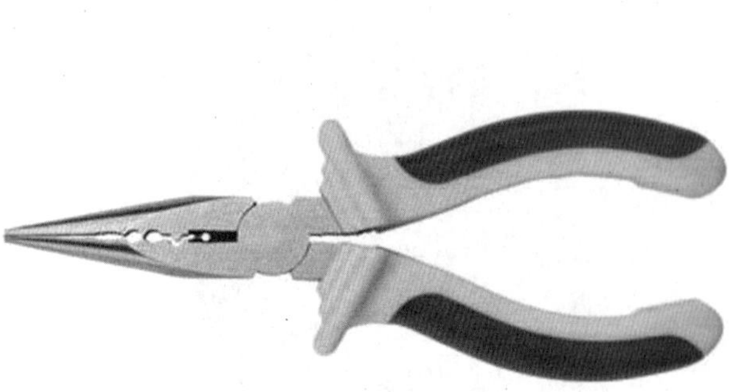

图 1－12　尖嘴钳

图 1－13　鲤鱼钳

6. 万用表

万用表主要用于汽车电路的检测，有电阻挡、电压挡、电流挡等，可以检测电阻、电压、电流等，如图1-14所示。检测时要选择合适的量程，如在检测汽车蓄电池电压时，可选择20 V电压挡，检测导线阻值时可选择20 Ω电阻挡，如果选择的量程小于所要检测值时可能会损坏万用表。万用表长期不用，应将万用表内部的电池取出，以免电池腐蚀表内其他零件。

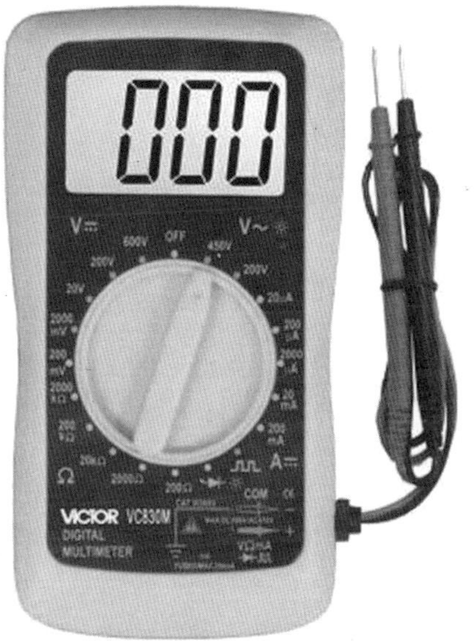

图1-14　数字万用表

四、小组讨论(学生计划页)

<table>
<tr><td rowspan="4"></td><td>班级</td><td></td><td>小组</td><td></td></tr>
<tr><td>任务</td><td></td><td>自命题目</td><td></td></tr>
<tr><td>日期</td><td></td><td>指导教师</td><td></td></tr>
<tr><td>成员</td><td colspan="3"></td></tr>
<tr><td colspan="5">要求：根据所学内容，对已提出的问题进行讨论。并在课余时间，查找资料，小组自行命题(与课程相关)，总结讨论结果。
1. 维修车间常用的举升机有哪几种？</td></tr>
</table>

2. 更换过控制臂及转向横栏杆等底盘件的事故车，在修好后为什么要做四轮定位？

3. 一辆事故车的轮胎破损，需要使用什么工具更换新的轮胎？

4. 请列举3种以上的机电维修工具。

5. 关于（ ）的讨论：

五、评价(学生考核页)

班级		小组	
任务		自命题目	
成员			
日期			
一、小组代表陈述小组意见			
二、教师对各小组意见进行点评 1. 是否可以用扭力扳手去拆卸轮胎螺母？某车轮胎螺母的拧紧力矩为 120 N·m，是否将扭力扳手的力矩调至 100 N·m 就可以了？ 2. 使用万用表可否检测 220 V 电压？量程应调至多少？ 3. 请分析下图中哪组数据是正常的？ 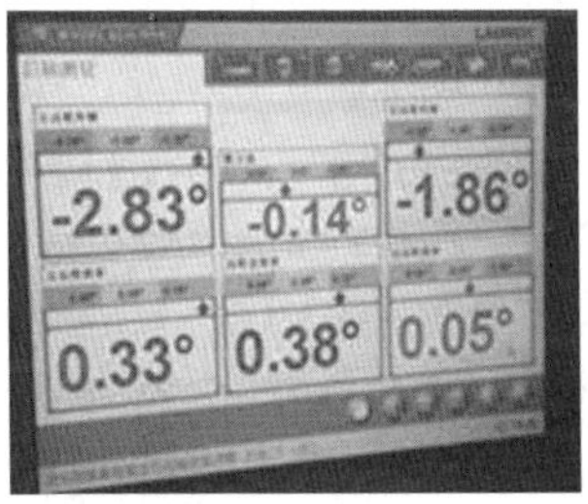			
三、对小组自命题评价 1. 题目与维修设备的契合度。 2. 自命题的意义。			

任务2　钣喷维修设备及工具的使用常识

一、学习目标

1. 了解钣金维修设备及工具的使用常识；
2. 了解喷漆设备及工具的使用常识。

二、学习内容

1. 钣金维修设备及工具的使用常识；
2. 喷漆设备及工具的使用常识。

三、资讯

(一) 钣金维修设备及工具

1. 大梁校正仪

车身校正架相当于造车时的定位靠模，是用来校正车底一些关键孔位的。由于碰撞，车底许多孔位的尺寸都会发生变化，而校正架上的量具尺寸非常精确，一般允许误差小于或等于1 mm，所以车身校正架可以使变形的车身尽量恢复到新车的水平，提高修复质量，同时也提高了车辆行驶的稳定性和安全性。使用大梁校正仪时，要注意选择修理定位基准，正确判断牵引力方向，以保证校正的准确性，如图1-15所示。

2. 工作平台

工作平台是钣金操作的基础件，主要用于在其上平面进行板料划线、下料、敲平及矫正工作。普通钣金工作平台没有确定的尺寸标准，但常用的台面规格有：600 mm×1 000 mm，800 mm×1 200 mm，1 500 mm×3 000 mm。台面高度为650～700 mm (有的台面高度可调)。其材料多为铸铁，背面有加强肋。平板固定在支架上，形成工作平台，如图1-16所示。

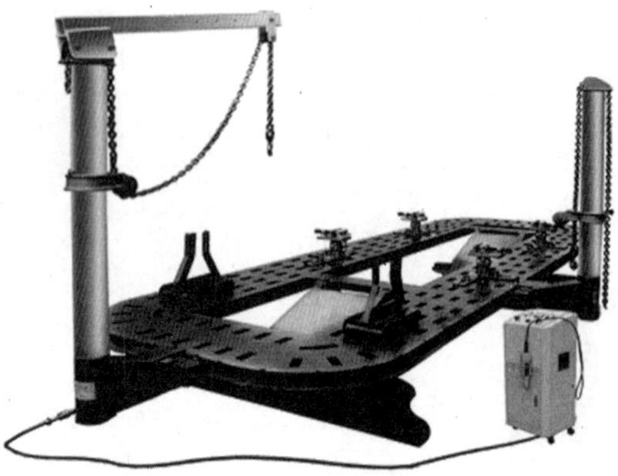

图1-15　大梁校正仪

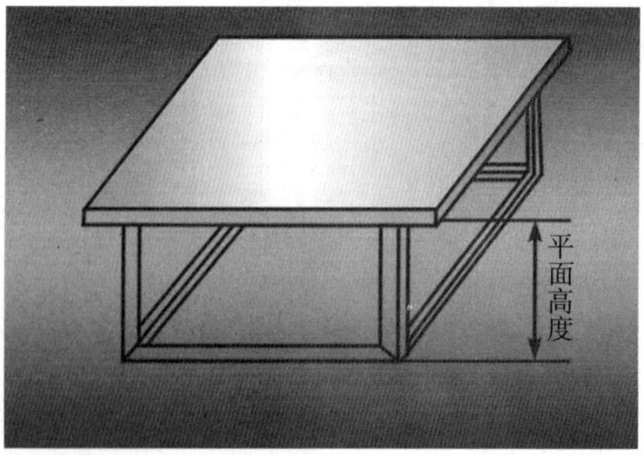

图1-16　工作平台

3. 锤子

锤子是汽车钣金维修中的基本工具，它的形状很多，作用也不一样。主要有以下几种：

(1) 扁头锤。主要用于敲击平面，也可以敲击较深的凹陷和边缘拐角，如图1-17(a)所示。

(2) 捅锤。主要用于直捅敲击弧形构件，也可以横击，还可以当撬具和垫铁使用，如图1-17(b)所示。

(3) 拱锤。主要用于圆弧形工件的整形和制作，如整修或配制小型车的轴端盖等，如图 1-17(c)所示。

(4) 中间锤。为了使工件避免直接捶击而使用中间锤，如图 1-17(d)所示。

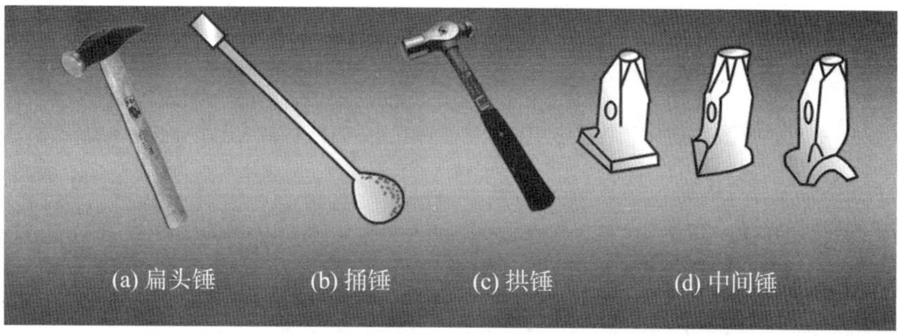

图 1-17　锤子一

(5) 平头整形锤。主要用于修整箱形角等部位，如图 1-18(e)所示。

(6) 鹤嘴锤。主要用于消除工件表面的小凹坑，如图 1-18(f)所示。

(7) 其他形状的锤子。根据捶击需要，锤头可以做成各种形状，如橡胶锤、木锤、铜锤等，如图 1-18(g) 所示。

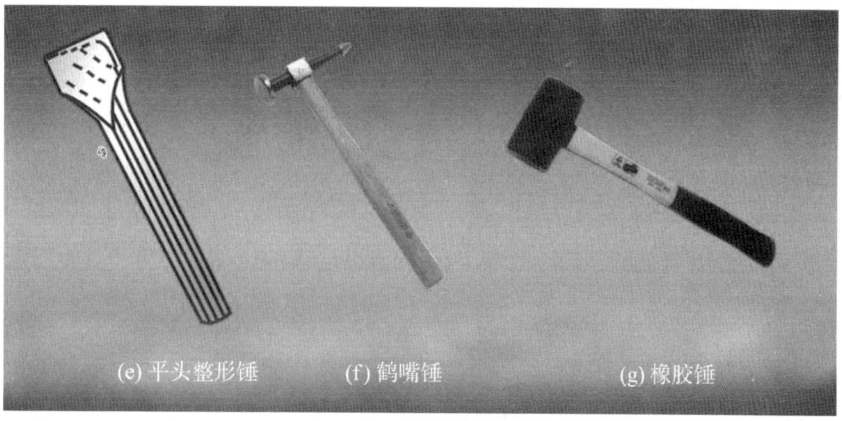

图 1-18　锤子二

钣金锤的使用方法：使用前要擦干净锤面及手柄上的油污，以免滑脱伤人，还要检查手柄是否松动，以免锤头脱出造成事故。操作规范如图 1-19 所示。

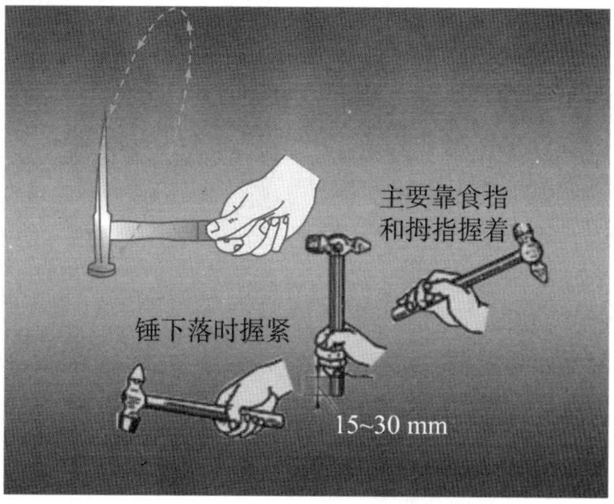

图 1-19　锤子使用方法

4. 顶铁

顶铁是一种手持的铁砧，如图 1－20 所示。各种不同形状的顶铁与锤配合进行钣金修理作业，也称为垫铁或衬铁。顶铁使用方法如图 1－21 所示。

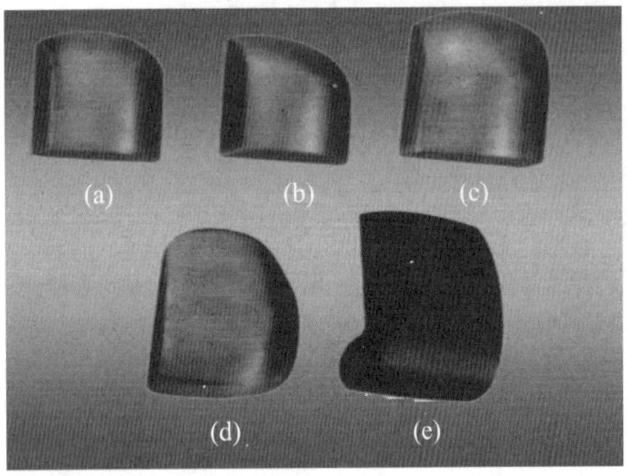

图 1－20　顶铁

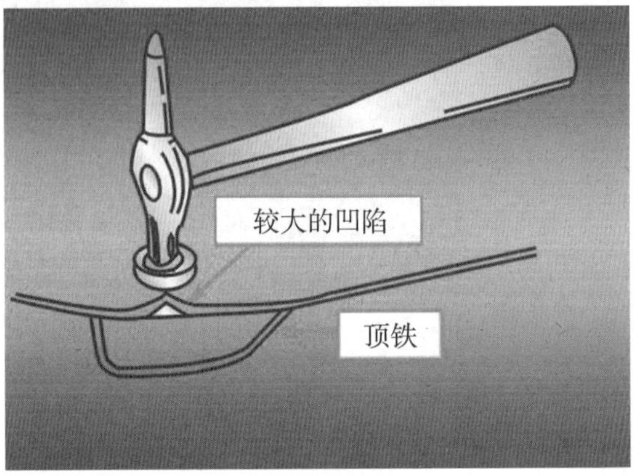

图 1－21　顶铁使用方法

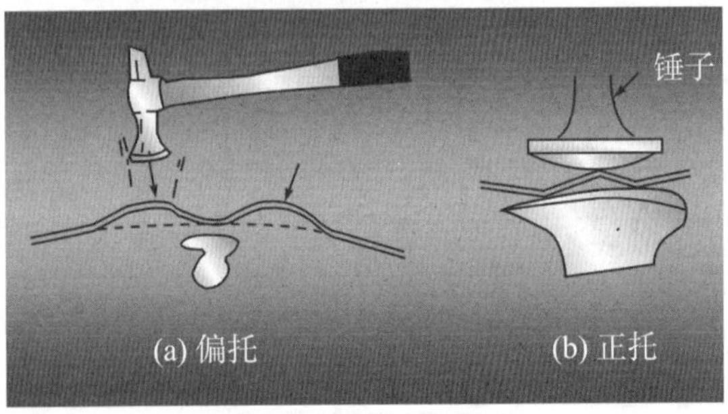

图 1－22　顶贴的正托和偏托

用顶铁法修整可分为“偏托”和“正托”两种方式。“偏托”法是直接用顶铁抵住最大凹陷处，使用木锤或尼龙锤敲击凹陷周围产生的隆起变形，即“深入浅出”地由最大凹凸变形处开始敲平，如图1－22(a)所示。当局部凹凸变形被修平至一定程度时，应改用图 1－22(b)所示的“正托”法进一步敲平。

5. 匙形铁

匙形铁是车身修理的特殊工具，主要用于抛光金属表面，所以也叫修平刀，如图 1－23 所示。不同的匙形铁可与不同的面板形状匹配使用。匙形铁使用方法如图 1－24 所示。

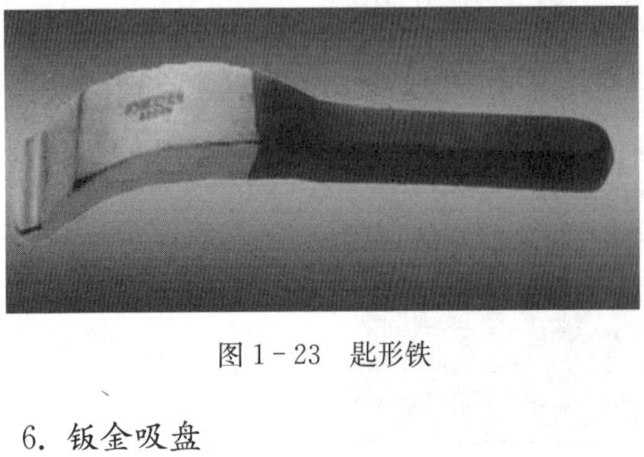

图 1－23　匙形铁

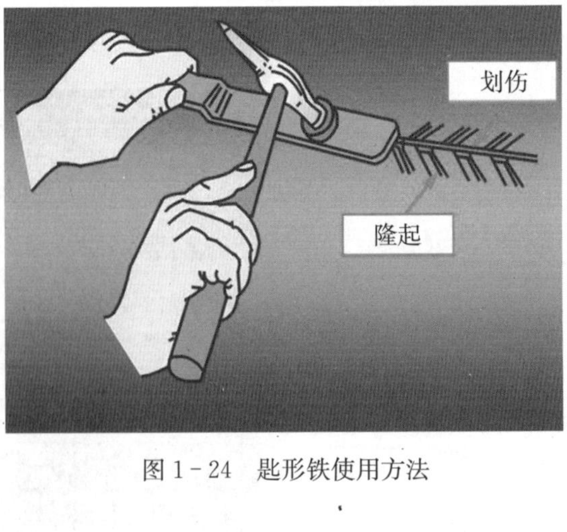

图 1－24　匙形铁使用方法

6. 钣金吸盘

使用钣金吸盘可修复凹坑，且不伤漆面，如图 1－25 所示。

7. 铆枪

铆接是车身修理作业不可缺少的工艺。用弹射铆钉枪进行铆接是十分方便的。电动抽芯铆枪，如图 1 - 26 所示。

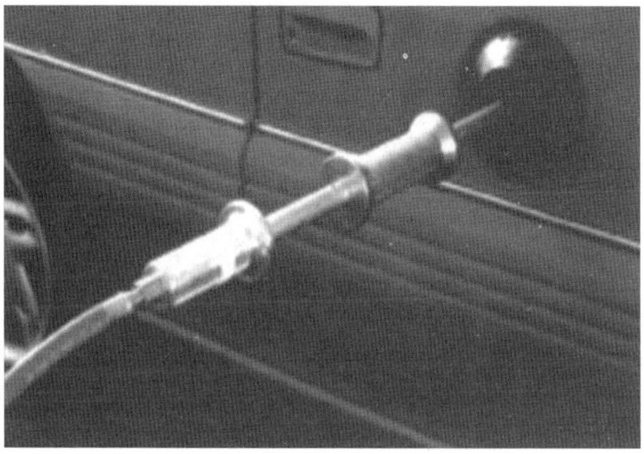

图 1 - 25　钣金吸盘

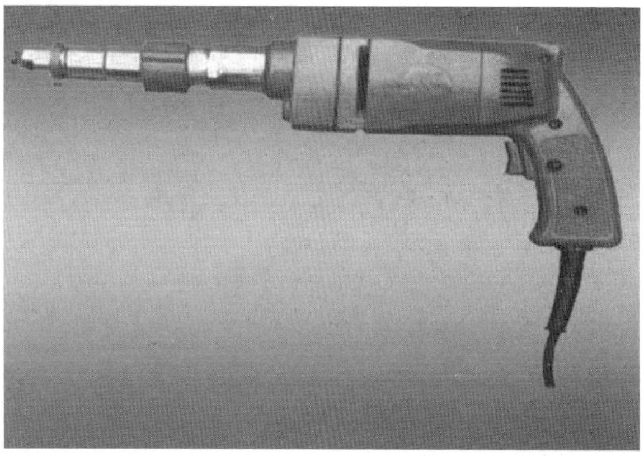

图 1 - 26　铆枪

8. 手电钻

手电钻是以电为动力的手持式钻孔工具，电源电压一般有 220 V 和 36 V 两种，其尺寸规格有 $\phi3.6 \sim \phi13$ mm 若干种，如图 1 - 27 所示。

9. 手提砂轮机

按砂轮直径分，常用的规格有 $\phi150$ mm、$\phi80$ mm、$\phi40$ mm 三种，如图 1 - 28 所示。

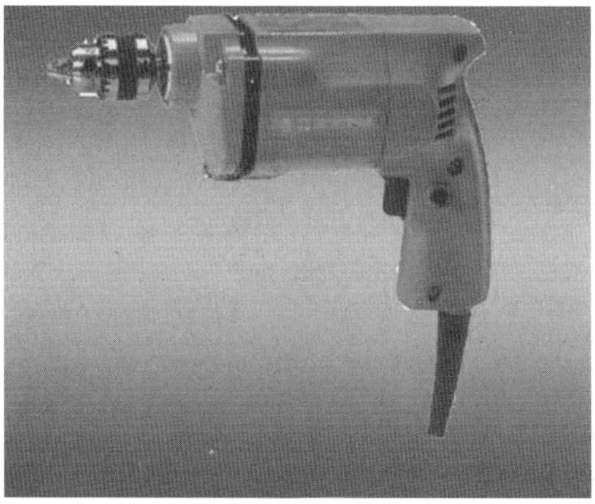

图 1 - 27　手电钻

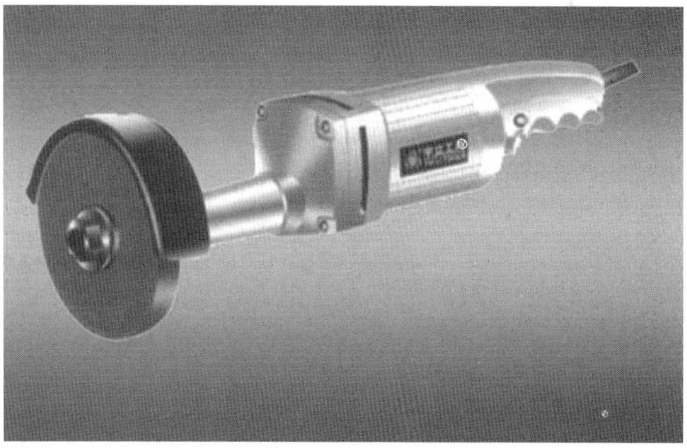

图 1 - 28　手提砂轮机

10. 盘式砂磨机

盘式砂磨机主要用于对金属表面的最后磨光、除锈及除旧漆。盘式砂磨机通常使用的砂轮片粒度为 60＃，80＃或 120＃等，一般常用的是 80＃，如图 1 - 29 所示。打磨时，应使砂轮片的 1/3 表面与被加工表面接触，其研磨效果最好。

(二) 喷漆维修设备及工具

1. 喷漆烤漆房

喷漆烤漆房是汽车修补涂装作业必不可少的重要设备之一，如图 1 - 30 所示。喷漆房为汽车涂装施工提供干净、安全、照明良好的喷漆环境，使喷涂施工不受尘埃干扰，保证喷漆质量，并把挥发性漆雾限制在有限空间内，减少环境污染。每次喷涂作业结束之后，应彻底清扫，并维护和清洗喷漆间内有关设备。

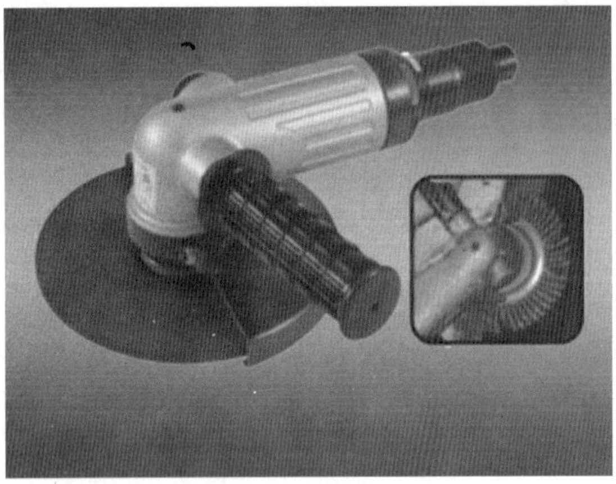

图 1-29　盘式砂磨机

图 1-30　喷漆烤漆房

2. 喷枪

喷枪的种类和型号很多，要根据施工的对象来进行选择，如图 1-31 所示。对于普通客车、货车的漆面喷涂，可以选择 PQ-1 型国产喷枪，其价格低易于维护；对涂装质量要求较高的施工中，最好选用扁嘴虹吸式的或进口喷枪。使用喷枪施工时要注意选择合适的喷涂压力及喷射距离，一般喷射距离在 19 cm 左右最佳。

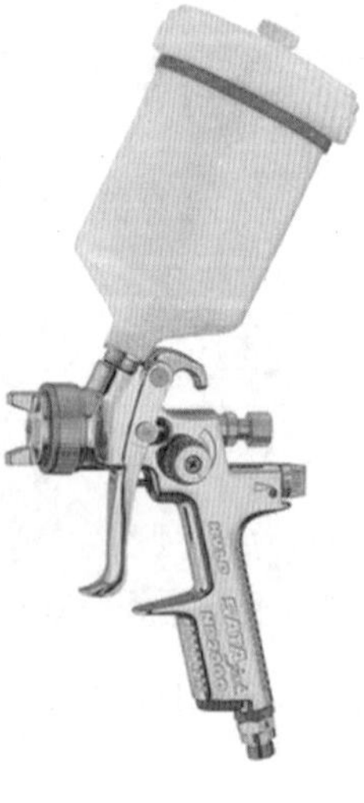

图 1-31　喷枪

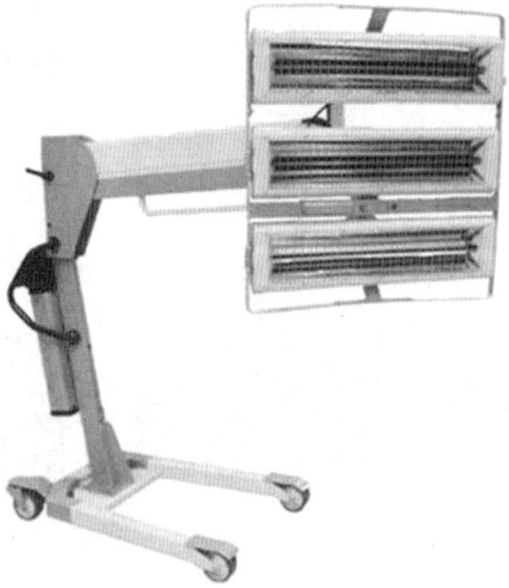

图 1-32　烤灯

3. 烤灯

烤灯主要用于漆面的干燥，常见的有红外线烤灯，如图 1-32 所示。使用烤灯时要注意不得用潮湿的手或赤脚触摸烤漆灯，也不得用烤漆灯直接照射易燃化学品，更不能在易燃易爆的环境中使用烤漆灯。

4. 抛光机

抛光机用于抛光汽车漆面，配合汽车专用抛光蜡（分粗，中，细，研磨，上光等多种蜡）进行漆面的抛光处理，如图1－33所示。抛光蜡在抛光机的不同转速下研磨颗粒不断衰减变细小，使得漆面微小划痕消失或变浅，达到提高漆面光泽度的作用。

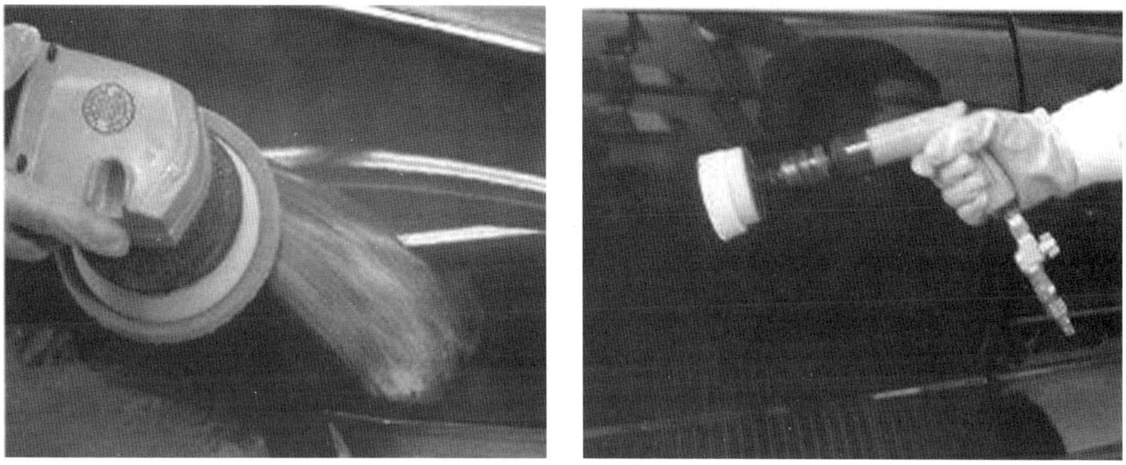

图1－33　抛光机

四、小组讨论(学生计划页)

	班级		小组	
	任务		自命题目	
	日期		指导教师	
	成员			

要求：根据所学内容，对已提出问题进行讨论。并在课余时间，查找资料，小组自行命题(与课程相关)，总结讨论结果。

1. 一辆事故车车梁变形了需要使用哪种工具进行修复？

2. 使用钣金锤时需要注意哪些事项？

3. 车门的金属外板上有轻微的凹坑，为了不损伤漆面，需要使用哪种钣金工具进行修复？

4. 在对事故车进行喷涂作业时，选择喷漆烤漆房进行喷涂有哪些好处？

5. 关于(　　　　　　　　　　　　　　　　　　　　)的讨论：

五、评价(学生考核页)

班级		小组	
任务		自命题目	
成员			
日期			
一、小组代表陈述小组意见			
二、教师对各小组意见进行点评 1. 为了得到较佳的喷漆效果,使用喷枪时应注意哪几点? 2. 在使用烤漆灯时应注意哪些事项? 3. 请分析砂磨机和抛光机分别使用在哪些场合?各起到什么作用?			
三、对小组自命题评价 1. 题目与维修设备的契合度。 2. 自命题的意义。			

学习情境2　汽车钣金喷漆流程

【学习目标】

1. 熟悉汽车钣金维修一般工艺流程；
2. 熟悉各汽车钣金工序要领、过程；
3. 熟悉汽车喷涂施工一般流程；
4. 熟悉汽车喷涂施工各工序操作要领、过程。

【情境导入】

2013年7月，刚刚参加现场查勘工作不久的小陈接到报险电话，前往事故现场进行事故查勘。到现场后，小陈发现这是一次普通的追尾事故，被撞车辆的左后翼子板由于受到撞击，形成一个大坑。在定损时，被撞车主提出要更换左后翼子板总成，而肇事车主提出该翼子板可以通过钣金喷涂维修进行修复，没有更换的必要。此时，小陈该如何根据他所掌握的汽车钣金喷涂方面的专业知识进行判断，是对该左后翼子板进行更换总成，还是进行整形维修？

任务1　熟悉掌握汽车钣金的操作流程

一、学习目标

1. 熟悉汽车钣金维修的总体工作流程；
2. 熟悉汽车损伤部位诊断的方法；
3. 学会确定维修方案。

二、学习内容

1. 汽车钣金维修一般工艺流程；
2. 汽车损伤的诊断与维修方案的制定；
3. 车身严重损害的维修方案；
4. 车漆未受损伤的维修方案；
5. 拉伸校正施工方法；
6. 焊接修正施工方法。

三、资讯

（一）钣金维修总体工艺流程

车辆被撞击受损之后，钣金维修工作也就随之开始了。从事故车进入维修站后的损伤分析到钣金工的诊断检测，从“手术台”上的拉伸校正到焊机镐锤下的局部整修，从钣金件的装复到车辆的调试，在各项工艺流程中，专业技术人员要使用种类繁多、形式各异的设备工具，如大梁校正仪、电子检测系统、钣金修复机、焊机以及各种打磨切割等工具，采用各种检测维修技术，确保车辆在几何尺寸和使用性能方面恢复到原车水平。

汽车钣金维修的总体工作流程，如图2-1所示。

（1）判断损伤范围。将受损部位清洁后，确认受损程度，从而确立修复方法。

（2）钣金件拆卸。将碰撞车辆受损部位的钣金件通过切割等方式拆离原车身。

（3）去除旧漆膜。将受损部位的原车漆打磨至露出铁板层。

（4）钣金件拉平。根据钣金件损伤程度，采用相应的钣金工具将凹陷部位拉平。拉平作业后，钣金件表面要经过平整度精调。

（5）收火处理。通过收火处理，将金属在恢复原来的形状和厚度过程中产生的拉伸和挤压应力

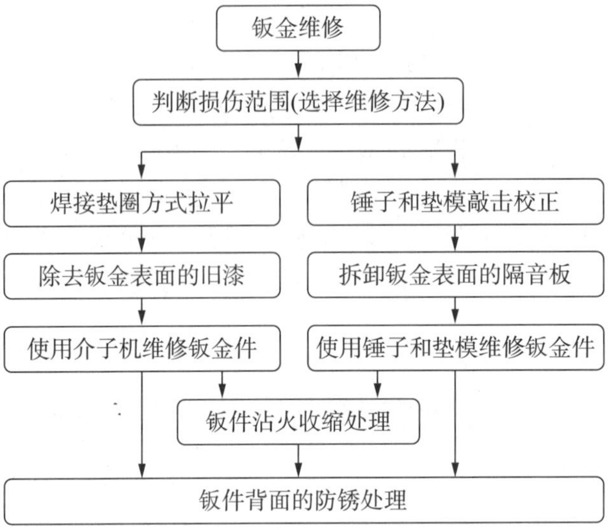

图 2 - 1　钣金维修总体工艺流程

消除，保持钣金件的刚度和强度。

(6) 防锈处理。经过锤打拉伸的钣件内部还氧漆会脱落或烧蚀，故应在钣件内部涂上一层还氧漆。

以上钣金操作流程适用于受损程度不大的钣金件。如果车体碰撞严重，伤及车架，则需要在车架矫正机上进行整车构架的矫正。

(二) 钣金维修各工序分析

1. 损伤诊断工序分析

损伤诊断是钣金维修的第一步重要工作，根据汽车损伤诊断的基本步骤，需要在以下环节做好每一项诊断检测工作。

1) 了解汽车车身材料、结构和车架焊接工艺

要选择妥当的钣金维修方式，必须了解车身制造材料和车架焊接工艺，如图 2 - 2 和图 2 - 3 所示。

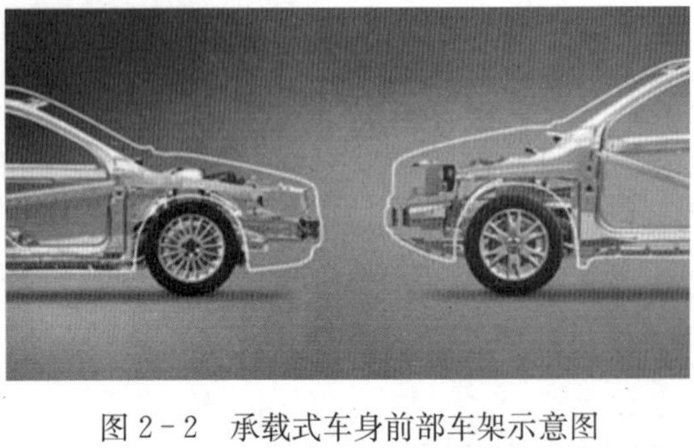

图 2 - 2　承载式车身前部车架示意图

图 2 - 3　用惰性气体保护焊或电子点焊机进行焊接的车架

现代汽车与传统汽车在车身制造材料、车架焊接工艺上的差别，导致维修方式发生了变化。例如，传统的车架式车身主要是由低碳钢或中碳钢制成，在进行焊接和切割时应使用气动车身锯，如果使用传统的氧-乙炔切割则会对车身造成较大的破坏；现代整体式车身构架通常是用超高强度钢(UHSS)或高强度钢(HSS)或高强度低合金钢(HSLA)或合金材料(如铝合金)制成，在结构零件修理中必须使用惰性气体保护焊或电子点焊机进行焊接。另外，钢板厚度的变化以及车身材料合金

成分的不同，在焊接方式和相关技术参数的选取上也会有所不同，这就需要维修人员熟悉车身材料以便合理维修。在汽车发生碰撞损坏后，必须采用全方位拉伸的方法进行校正，尽量不采用加热的方式，以防止金属内部结构发生改变，导致强度降低，使汽车再次碰撞时不能有效保护乘客。

从车架焊接工艺方面来讲，现代车身修复一般采用熔焊、压力焊和黏接等方式，而过去在车身修复中占主导地位的焊条弧焊和氧-乙炔气焊在现代车身修复中就要谨慎采用了。焊条弧焊现仅用于车架式车身以及低碳钢车身的修复；氧-乙炔气焊、压力电阻焊和黏接只用在一些特殊的工艺中。对于新型的铝质车身修复焊接更是需要特殊的焊接工艺。不同结构的车身大梁要采用不同的焊接工艺。在进行车身钣金焊接维修时，要采用不会降低车身原有强度和耐久性的最佳焊接方法，就需要熟悉原车各部分所采用的焊接工艺。

2）检测损伤基本状况

检测损伤的过程中，需要目测碰撞的位置，确定碰撞方向及碰撞力大小，并检查可能存在的损坏。对于事故中损坏的车辆，如图 2－4 所示，应询问事故发生时汽车的速度和撞车或翻车的部位、方向及角度，了解被撞汽车的撞击形式、位置和角度等情况，以直观的方法确定碰撞损伤的部位和可能波及的区域。还可结合试车和检测仪器对汽车进行全面检查，确认车身底板是否变形，车身是否受到整体损伤和整体扭斜，检查和确认车门开启是否自如等，以确定汽车的损坏程度和修理方式。

图 2－4　根据车身受损伤情况制定维修方案

3）确定所有受损部位

车辆在被撞击损伤后，直接看到的只是外表的损伤，甚至保险定损也经常只是对损坏的部位进行评估。其实不然，现在的乘用车在车身设计上多数采用刚柔结合的设计原理，如图 2－5 所示，利用吸收分解理论来缓冲撞击力，保证乘客最大程度的安全。所以当车辆受到撞击后，不仅是撞击部位的变形损坏，其整个车身的多处，如大梁、悬架和发动机等部件也可能产生变形。有时，有些车辆前面受到撞击，经检测发现后部也发生了变形。遇到这种情况，如果在钣金维修中只是简单地修复被撞击部位，那么必定会对车辆的行驶带来隐患。因此，在车辆受损之后需要观察车身受损状况，弄清楚碰撞时车身如何受力，力是如何沿着车体传递的，对损伤部位和相关区域的部件进行深入分析，进行科学的诊断，才能确定所有受损部位。检测过程中需要沿着碰撞路线系统检查相关部件的所有损伤，直到没有任何损伤痕迹以及周边区域的损坏为止。

图 2－5　刚柔结合的承载式车身

4）利用工具设备对受损部位进行检测

（1）拆检

使用设备对受损部位进行检测，如图 2－6 所示，检测工作需要与拆卸工作结合起来进行，否则便无法准确鉴定全部损伤情况。为便于车身的维修操作和彻底检验损伤，同时避免维修操作时对

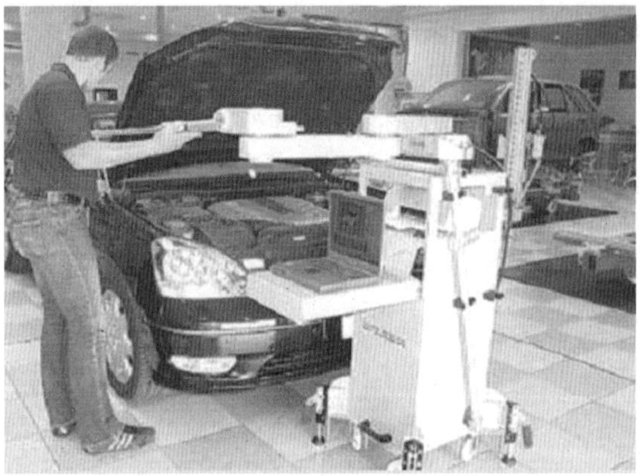

图 2-6 使用电子检测系统对受损部位进行检测

被拆卸件造成不必要的损伤，要对有关部件进行拆卸。拆卸的原则是尽量避免零件的损伤和毁坏，连接件的拆卸方法除使用扳手外，还可以根据实际情况采用电钻、锯、錾和气割工具等。

（2）检测的重要性

准确检测是顺利完成各种碰撞修复所必需的程序之一。就整体式车身来说，检测对于损伤修复是否成功更为重要，因为转向系统和悬架大都装配在车身上，有的悬架则是依据装配要求设计的。汽车主销后倾角和车轮外倾角是一个固定（不可调整）的值，这样，车身损伤就会严重影响到悬架结构。齿轮齿条式转向机通常装配到钢架上，形成与转向臂固定的联系，而发动机、变速器及差速器等也被直接装配在车身构件或车身构件支撑的支架（钢板或整体钢梁）上。所有这些元件的变形都会使转向机或悬架变形，或使机械元件错位，导致转向操作失灵，传动系统的振动和噪声，连接杆端头、轮胎、齿轮齿条、常用接头或其他转向装置的过度磨损等。因此，为保证汽车正确的转向及操纵驾驶性能，关键加工尺寸的配合公差必须控制在允许范围。

（3）检测方法

拆检后的检测是“确诊病情”和“动手术”的必要前提。详细的损伤情况可用车身尺寸图相对车身上具体点的检测估测出来，这已成为一种被广泛应用的方法。车身尺寸图中的数值是以对角线检测法为基础得出的。检测点和检测公差要通过对损伤区域的检查来确定。一般引起车门轻微下垂的前端碰撞，其损伤不会扩展越过汽车的中心，因而后部的检测就没有太多的必要。在碰撞发生较严重的位置，必须进行大量的检测以保证适当的调整顺序。但是，大量的检测记录也可能引起不必要的混淆。在整个修理过程中，不论是传统的车架式车身汽车还是整体式车身汽车，检测是非常重要的。必须将受伤部位上的所有主要加工控制点对照生产厂家说明书进行复查，否则就不能进行变形检测，只有经验丰富的专业技师才可以根据事故的大小，撞击的部位，准确分析车辆损伤程度，再由专业钣金技师利用现代化的精密检测设备对车辆进行全面严格地检测，如图 2-7 所示，其检测结果要与制造厂商提供的底盘车身数据图进行对比，从而确定合理的修复方案。

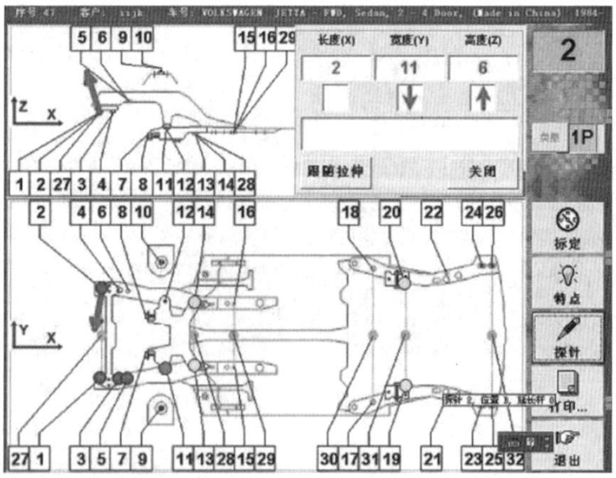

图 2-7 受损车辆维修前的检测示意图

（4）检测车身数据的作用

专业技师即使拥有丰富的事故车修复经验，但如果他不能掌握车辆变形前后的精确数据，也就很难准确地制定修复方案，所以对事故车进行专业检测并得到准确的数据后才能使专业技师有的放矢。从车身大梁定位参数方面来讲，各种车型的数据参数是整个修复工作的依据，检测、定位、拉伸和检测都是在原车数据参数的基础上开展的，没有车身大梁定位参数，就无法做好修复工作。车身设计和制造时，就是以车身基准控制点作为组焊和加工的定位基准，同时也是修复工作中检测的基准，这些基准点的偏差将直接影响到汽车的各项性能。例如，前悬架支承点的偏离直接影响到前轮定位角和汽车轴距尺寸，同时，对于一些特殊尺寸，我们可以查阅车身数据资料。

（三）确定维修方案工序分析

1. 应考虑的主要问题

对车辆进行损伤诊断之后，就需要制定科学的修复方案了。这一阶段的主要工作是：针对直接受损部位、间接受损部位及惯性效应受损部位，确定具体的修复方式；根据车身各部位材料的应用情况，确定需要采用的焊接工艺；考虑在校正拉伸过程中如何使用辅助支撑定位，以确保顺利修复；考虑在实施焊接换件作业中如何对所需更换部件进行准确定位，以避免在焊接完毕后再对所更换的部件位置进行校正。

2. 确定修复方案的原则

制定的修复方案，除了要考虑降低维修成本之外，还要综合考虑整体维修质量，如局部拉伸时如何保证周边部位不受影响，切割和焊接时如何保证金属内部结构尽量不发生较大变化，以及使用何种钻孔、打磨工具不会对安装造成影响。凡是与整体修复方案有关的因素，考虑得越周详越好，这样才能在后续的工作中有备无患。

3. 维修方案对技术人员的要求

要掌握科学高效的修理工艺，技术人员必须了解当今计算机辅助设计的车架结构知识，以及计算机辅助设计的车架对碰撞能量的吸收和传递方面的知识。除此之外，技术人员对车辆碰撞损伤程度的确认、需要更换的部件、需要修理的部位、修理方式的确定、设备工具的选用以及各种操作规范化等方面的知识都必须熟知，才能确保修复效果最佳化，进而提高客户满意度。

4. 车漆未受损伤的维修方案

确定维修方案需要视情况而定，择优而取。在碰撞部位损伤并不严重的情况下，就需要根据具体情况，确定是采用传统钣金喷涂方案，还是新兴的凹陷修复技术。实际上，只要车漆未受损伤，大多数情况下都可以采用凹陷修复技术。

凹陷修复技术是由日本于 1986 年研发出来的，经过近 20 年的发展，在汽车美容行业形成了一项单独的项目，在日本及欧美国家已得到广大车主的认可。1999 年微钣金凹陷修复技术进入中国，经过国内多年的探索与实践，现已具备一套完整的适合于中国国情的推广方案。

汽车凹陷修复技术是对汽车车身各部位，对因外界力量撞击而形成的各种凹陷进行修复的新兴技术。它操作简单，运用光学、力学及化学等多方面技术原理，对未损伤车漆的凹陷部位通过局部的特殊工艺进行修复，无需传统的钣金、喷漆就可以达到 100%的复原，让车辆恢复原有状态，该技术大大缩短了修复时间。

凹陷修复技术主要针对尚未损伤车漆的凹陷，由于保留了原有车漆，就避免了烤漆所造成的漆雾、漆流，色差、色变和桔皮等缺陷，从而最大限度地保留了车辆原有价值，这是传统钣金技术无法比拟的。

修复一个凹陷部位大约只需要 10～90 min，大幅度降低了维修费用，大约只需传统钣金、喷漆总费用的 50%。经该技术修复后的车体凹陷部位不易变形、褪色，也不会产生裂痕。

5. 车身严重损坏的维修方案

1）车身更换或维修

当汽车发生严重损坏几乎没有一处完好的地方，判定为车身整体无法修复时，可按照用户需求进行整车车身的更换。从坏车上拆下可用的总成和零部件，对发动机等主要总成进行全面检查和修理，换用新的乘用车车身总成和需要更换的全部零件，按照整车装配工艺重新予以装配，如图 2－8 和图 2－9 所示。因为车身的更换费用和各总成的更换费用很高，甚至可达到购买新车的一半费用，所以一般汽车修理厂会使用现代化的先进设备对受损车辆进行高质量的维修，使其恢复到原有的质量标准。

图 2-8　受侧面撞击事故车维修前

图 2-9　受侧面撞击事故车维修后

2）车身局部更换或维修

当汽车发生碰撞时，损伤只发生在局部，如前后翼子板、车门、发动机罩或行李舱盖受到损伤时，可以进行车身局部更换，达到省事、省时和降低成本的目的。随着乘用车国产化率的提高，在一些制造厂家的汽车配件中有部分汽车车身钣金件出售，其价格远低于车身钣金件的修理费用。如果能买到所要更换的部件，如乘用车车身的前翼子板，只要在车身上轻易拆下或焊下损坏后的前翼子板，再将新的翼子板按照原来的位置装上去，即可达到轻易修复车身的目的。当然在修复中伴随有汽车和其他零部件总成的拆卸和更换，应达到重新修配和恢复原有功能的目的。拆卸损坏后的车身钣金件，可视损坏程度的轻重，决定重新单独修复或者当废铁处理，如能修复，待修复后可做备件以备更换。

3）车身底板校正

当汽车发生严重损坏，涉及车身底板发生变形，无须全部更换车身时，应先进行车身底板校正和车身校正，再修复损坏的车身钣金件。完成全部车身底板校正，保证了车身底板的立体位置，可以保证乘用车车身的总体位置。确定了发动机总成和前悬架的安放位置，可恢复汽车车轮的定位角度及其他总成的定位。车身底板校正后，再进行车身钣金修理。

4）车身侧面撞击的校正

撞车时，如果车身侧面受到严重损伤，会使车身的侧发生凹陷变形。碰撞力较大时，车身侧面变形可能由一侧传至车身底板，使车身底板发生严重变形；也可能传至车顶，使车顶发生变形；甚至从车身底板和顶盖传至另一侧，使车身另一侧凸起（就是钣金师傅们常说的“香蕉型”事故车），此时应以校正的方法使其恢复原来的形状。当一侧门槛发生严重变形并且涉及车身底板时，可视变形部位和变形情况在门槛处焊上一块或几块牵引铁，顶住前后两端车身底板，使用牵引索牵拉牵引铁。

根据变形情况的不同，还可以在车身底板的前后两端的相反方向进行辅助牵引，但是这种维修方法已经比较陈旧且不能完全恢复到原车的尺寸要求。现在大量的汽车维修企业已采用新的“定位法”来修理，如图 2-10 所示。按照车身底盘维修图纸，通过定位夹具将车身底部未变形的点定位装卡，使用拉塔逐步拉伸变形部位，直到所有变形部位的点都能按照车身底盘维修图纸所示的尺寸通过定位夹具装卡固定，当这些点固定完毕即表示车身底盘已恢复到原车的尺寸要求，再通过“麦克费森”检测系统把外观件定位焊接。

5）车身支柱换修

当车身支柱、前风窗支柱、前围支柱或后支柱严重损坏后而无法简单修复时，只能采用更换法。先进行相关部位的校正，如支柱损伤，可能涉及车身顶盖和车身底板等部位的变形。首先应使大面积部位的变形得以恢复，然后把损坏后的一段支柱用锯子或等离子切割机粗切割下来（比正常切割位置要短），点焊点要用点焊去除钻去除。再次进行相关部位的校正，把相邻部位的变形修复到位，然后准确地切割到支柱更换焊接的位置，才能换接上一段规则和形状完全相同的支柱。

图 2 - 10　使用通用定位夹具对车身底板进行精确的定位校正

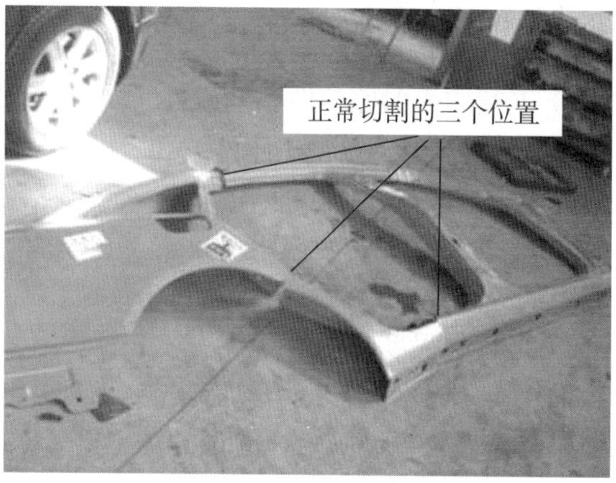

图 2 - 11　正常切割位置

（四）拉伸校正工序分析

车辆发生较为严重的碰撞事故时，绝大多数都需要对车身、大梁进行拉伸校正。确定整体式车身结构的损伤程度，并完全弄清楚了损伤区域之后，根据具体情况进行拉伸校正。在受损车辆上“手术台”之前，需要将与碰撞有关的装饰件及机械部件进行拆卸，然后再对事故车进行拉伸校正，如图 2 - 12 所示。

图 2 - 12　拉伸校正后底梁

1. 拉伸校正的方法

拉伸过程中要注意方法和程序。拉伸时，每次拉伸一小部分，然后松开链条，卸力、检测。操作时，注意“从内到外”的操作顺序：

（1）首先是长度极正，沿着汽车中心线，对汽车的纵向方向进行拉伸；

（2）然后是宽度校正，对汽车的横向方向进行校正；

（3）最后是高度校正。

由于高强度的整体式车身在加热时很敏感，通常不要试图一步就完成校正拉伸。一般应该遵循拉伸→保持平衡→再拉伸→再保持平衡的流程，循环往复。如果一些车身被碰撞以后折叠得太紧，金属有被损坏破裂的危险，就需要对其加热。加热时要注意只能在棱角处或两层板连接得太紧的地方加热，如果在车架纵梁内侧较低位置或在箱型截面部分加热，只能使其状态进一步恶化。加热只能作为清除金属应力的一种手段，而不能把它作为软化某一部分的方法。

在预先确定的部位上旋加拉力，将损坏的钢板慢慢地、小心地恢复尺寸和形状，完全消除弯曲钢板的应力，就可以实现准确的车身修理。

2. 修复车身的技术要求

无论采用何种修复方式修理车身表面，都需要达到规定的技术要求，恢复车辆原有的性能和表面外观质量。

1) 外形的复原

修复时，无论大面积的平滑结构还是局部过渡处的楔形结构，都必须恢复到原来的形状。当恢复到原来的形状确有困难时，可适当改变原来的形状。但切忌画蛇添足，不伦不类。不但外形要对称美观，还要坚固耐用。

2) 连续曲面的完整性和精致性

乘用车车身大部分是用模具大批量冲压生产的，具有表面的完整性和精致性。修复时对于流线形曲面要连续过渡；对于曲面转折处要圆滑过渡。修复后的外表面应光亮如新，不允许有皱折、皱纹、凹痕、敲痕、擦伤和肉眼可见或手触摸能感觉到的明显缺陷。特别是大面积修复时，要保证连续曲面的完整性、流线性、连续性和精致性。

3) 足够的强度和刚度

乘用车车身在原设计中具有足够的强度和刚度，修复后的车身仍要保证其强度和刚度。修复后的车身应保证振动噪声在允许的范围内，不能有由于振动引起异常响声；确保车身在一定行驶里程内不得有疲劳损坏；车身整体必须有一定的刚度，保证车身钣金件在使用过程中有保持原有形状的能力。为了提高车身强度及耐腐蚀性，减轻车身质量，各大汽车厂都在向新型全铝车身方向发展。所谓全铝车身并非纯铝，而是坚固的航空铝合金，整体(包括蒙皮)都是铝合金材料，各部分通过焊接、铆接或黏接而成和飞机的制造工艺很类似，具有质量轻、强度高及耐腐蚀等优点。它的车身质量比同等钢制车身减轻了40%，刚性却提高了60%，使车的加速性能有大幅度提高。车身质量的减轻也在间接帮助降低排放，使汽车更加环保。在安全性、精湛工艺以及耐用性方面都有显著提高。

(五) 焊接修整工序分析

1. 焊机和焊接方式的选择

在修理受碰撞而损坏的汽车时，焊接是一种常用的方法。焊接方式较多，焊机的种类也很多。焊接维修时，要采用不会降低车身原有强度和耐久性的最佳焊接方法。

尽量采用点焊或惰性气体保护焊进行焊接，一般不在新型的汽车车身上使用氧-乙炔焊接。除了汽车制造商进行过钎焊的零部件外，一般不对车身零部件进行钎焊。

现代汽车车身维修的焊接一般采用惰性气体保护焊、电阻点焊、钎焊和锡焊。

1) 惰性气体保护焊

惰性气体保护焊应用于焊接高强度、低合金钢车身材料；焊接铸铝件，如破裂的变速器、汽缸和进气管等。

典型焊接位置和基本焊接方法如下：

(1) 对接焊。将2个相邻的金属边缘安装在一起，沿着2个金属板相互配合或对接的边缘进行焊接，如图2-13所示。

(2) 搭接焊。焊接2个相互重叠的金属板。

(3) 堆焊。在外面的一个或若干个工件上打一个孔，电弧穿过此孔进入里面的工件，孔被熔化的金属填满。

(4) 点焊。定时脉冲被触发时，将电流引入被焊的两块金属板，如图 2-14 所示。对镀锌金属的惰性气体保护焊时，不需将锌清除掉，以免将金属板的厚度降低后强度也降低。

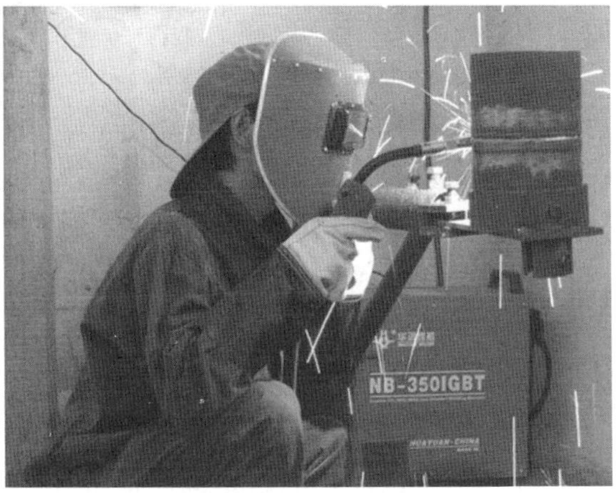

图 2-13 对接焊

图 2-14 使用点焊

2) 电阻点焊

电阻点焊是汽车制造厂对整体式车身进行焊接时最常用的一种方式。电阻点焊机适用于车身上要求焊接强度高、不变形的薄钢板。常见的应用范围包括车顶、车门窗、车门槛板以及外部部件。电阻点焊与电压、电流和加压时间有关，与使用的电阻点焊机、焊接金属板的材料厚度等因素有关。点焊时应注意采用正确的焊接顺序，一般不沿着一个方向连续进行点焊，当电极头发热并改变颜色时，应停止焊接使其冷却。也不要沿角落的半径部位进行焊接，这样易产生应力集中而导致开裂。

3) 钎焊

钎焊只能用在密封结构处。钎焊在焊接过程中只熔化有色金属，而不熔化母材。钎焊类似于两个物体黏在一起，熔化的黄铜充分扩散到两层母材之间，形成牢固的熔合区，如图 2-15 所示。焊接处抵抗碰撞的抗弯强度小于母材的抗弯强度，只能对汽车制造厂已进行过钎焊的部位进行钎焊，其他地方不可钎焊。

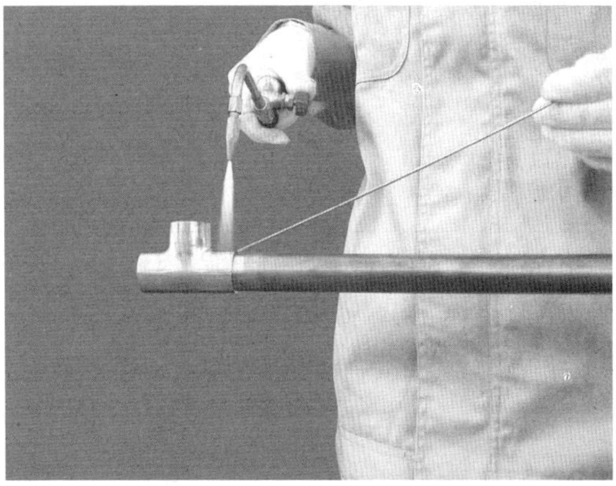
图 2-15 钎焊施工

4) 锡焊修补法

对于局部无法修复或难以修复的曲面形状可使用锡焊，将要修复的部位填平成曲面形状。锡焊前应在修焊表面涂上焊锡膏，用焊枪的火焰把钣金表面烤热把焊锡熔化将焊锡焊到要修补的表面上，焊的厚度随曲面要求而定，使焊后表面恢复形状，如图 2-16 所示。焊锡修补后，往往表面不够理想，可用砂轮和砂纸打磨，使表面呈圆滑过渡曲面形状。

(六) 装复调试工序分析

车身修复工作结束之后，需要进行装配。将经过修整的车身和局部附件、需更换的部件和拆卸件，按原车的要求进行总装。装复之后，还需要对车辆进行调试或试车，对于发生严重碰撞的车辆，务必进行四轮定位，如图 2-17 所示。

图 2-16　锡焊施工

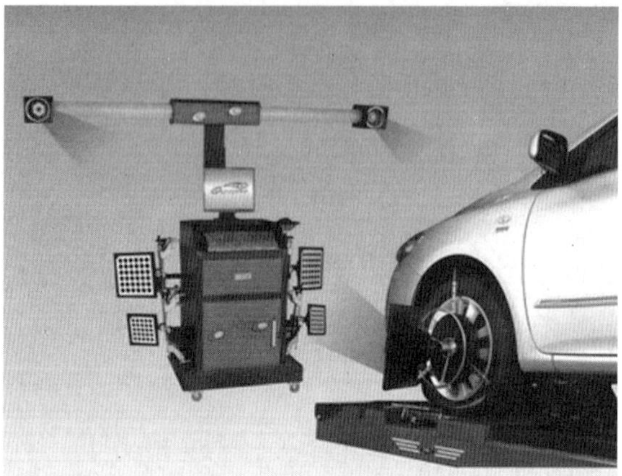

图 2-17　四轮定位检查

做四轮定位就是通过四轮定位仪，检测出被测车辆的各轮倾角和束值是否符合原厂标准，如不符合可做调整。只有车辆的定位数据准确，车辆的操控性能、稳定性能才能达到最佳状态，轮胎的使用寿命也才能达到最长。

通过四轮定位检查，如果发现某些数据不符合规定标准，还要进行调试检测，直到所有的参数和数据都在标准范围内为止。

四、小组讨论(学生计划页)

<table>
<tr><td rowspan="4"></td><td>班级</td><td></td><td>小组</td><td></td></tr>
<tr><td>任务</td><td></td><td>自命题目</td><td></td></tr>
<tr><td>日期</td><td></td><td>指导教师</td><td></td></tr>
<tr><td>成员</td><td colspan="3"></td></tr>
<tr><td colspan="5">要求：根据所学内容，对已提出问题进行讨论。并在课余时间，查找资料，小组自行命题(与课程相关)，总结讨论结果。
1. 请简述汽车钣金作业的基本流程。

2. 请简述车身侧面严重损害的维修方案。

</td></tr>
</table>

3. 常用焊接方法总共有多少种，各适合于哪些工作情境？ 4. 请简述拉伸校正的基本方法。 5. 关于(　　　　　　　　　　　　)的讨论：

五、评价(学生考核页)

班级		小组	
任务		自命题目	
成员			
日期			
一、小组代表陈述小组意见			
二、教师对各小组意见进行点评 1. 在汽车钣金作业前，如何进行损伤情况的诊断？ 2. 请简述车身侧面严重损害的维修方案。			

3. 哪些情况可直接进行车身部件的更换作业?

4. 请简述拉伸校正的基本方法。

三、对小组自命题评价

1. 题目与维修工艺的契合度。

2. 自命题的意义。

任务2　熟悉掌握汽车喷漆的操作流程

一、学习目标

1. 熟悉汽车喷漆施工的整体工艺流程；
2. 熟悉汽车喷漆各工序的工艺要求；
3. 熟悉汽车喷漆各工序的施工过程与要领。

二、学习内容

1. 汽车喷漆施工的整体工艺流程；
2. 车身底材处理工序施工过程；
3. 刮涂腻子工序施工过程。

三、资讯

(一) 汽车喷漆整体工艺流程

喷漆工艺需要进行严格的操作，一点细微的失误就有可能导致喷漆失败，从而浪费人力、物力和财力，得不偿失。所以在操作过程中需要严格按照喷漆工艺的标准来进行执行。

按照漆面损伤的情况不同，汽车喷漆工艺流程也会不同。

1. 漆面较重损伤的总体工艺流程

漆面较重损伤的总体工艺流程，如图2－18所示。

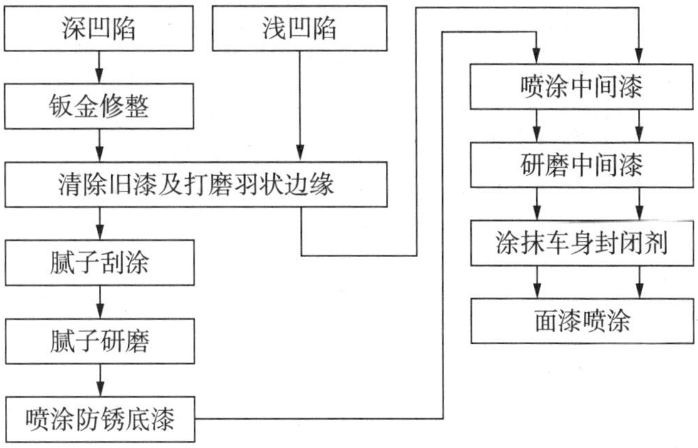

图2－18　漆面较重损伤油漆喷涂流程

2. 全新钣金组件油漆喷涂工艺流程

全新钣金组件油漆喷涂工艺流程因为少了钣金件的修补过程，相对来说较简单，如图2－19所示。

(二) 各分步工艺流程分析

1. 底材处理工艺流程

维修车辆经过钣金程序处理过后，需要对车辆进行初步的粗处理，步骤如下：

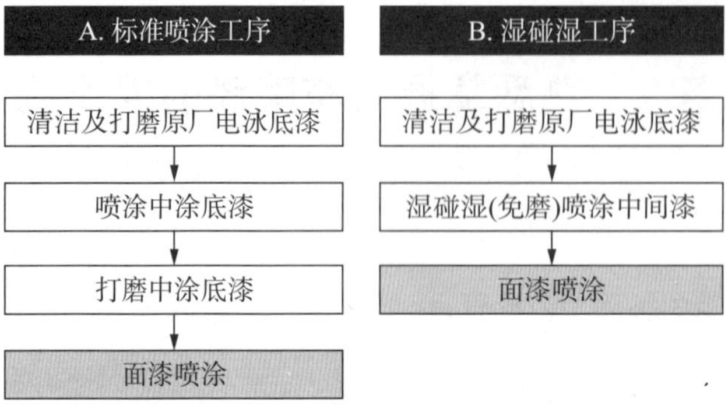

图 2－19　新组件油漆喷涂流程

(1) 使用环氧底漆涂抹露出金属的车身部分，找出一些高处和凹处。一般高处是可以处理掉的；而凹处一般如果不是太严重的，则可以用补腻子的方法。

(2) 如果有一些由于烧坏的油漆、松动的表面油漆和底层腻子的现象，就需要用砂磨机处理，不然会在喷漆后产生起泡和裂纹。

(3) 如果钣金做的面积大，就查找是否有胀铁，面积大的铁皮，如机盖顶盖很容易胀铁。如果有，收完火再查看，因为收完火后决不会是平的。

(4) 在补腻子前需用 180 号砂纸在表面打磨，如图 2－20 所示，特别是光滑的地方。因为在砂纸没有打磨到的地方，补上腻子水磨后会留下一条接口。因此，在打磨的地方用气吹净上面的灰尘，这样才可以开始补腻子。

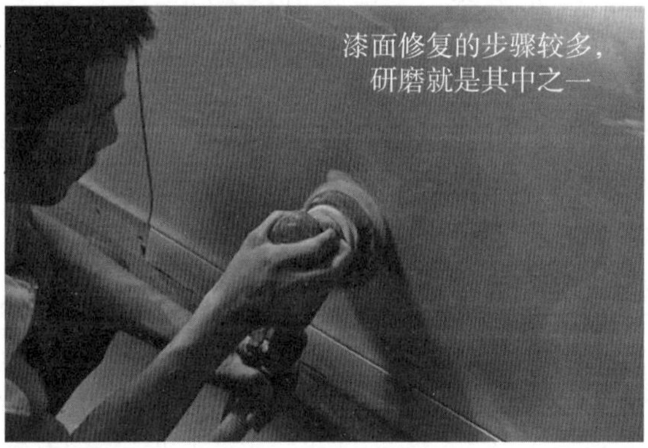

图 2－20　损伤部位的打磨

2. 刮涂腻子工艺流程

刮涂腻子的工序，如图 2－21 所示。

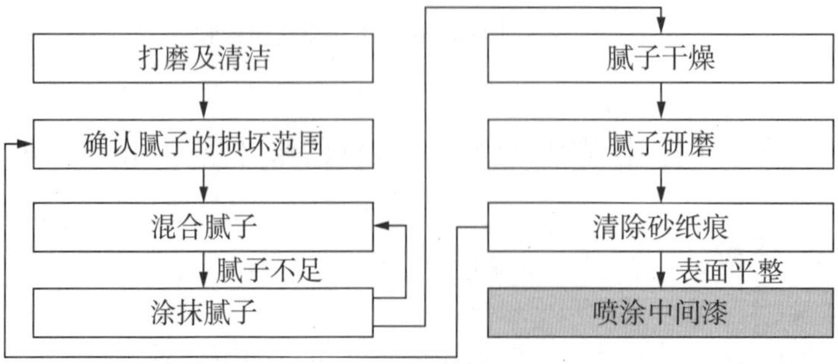

图 2－21　刮涂腻子工序

(1) 填补腻子：混合多功能腻子填补于车身上凹陷位置，置于20℃环境30 min，如图2-22所示。

第一道，腻子在铁皮的表面薄薄刮上一道。

第二道，在凹的地方刮一遍，待其干后摸摸看是否可以，如果不是太严重就可以做下一道。

第三道，在要刮的地方全刮一遍，看是否有高点，如有应先处理。

第四道，再全部刮一遍，要注意边角的地方。

第五道，刮边角和表面的毛孔，再是接口。一般来说，有补刮第五道的都不是很厚，这样易打磨毛孔小，还有一些刮法是三道工序的，补得比较厚，在后面会遇到许多问题，如比高点、砂痕、粗大的毛孔。高点的处理只能敲下去，一般补得厚就得用60号粗砂纸来磨，一般用180号和60号的砂纸磨出来的砂面自然就粗，毛孔粗大是不容易处理的，因为没有完全解决的话，会把表面的漆吸收到底层，这样就会出现油漆喷完后有一些小洞。

(2) 打磨腻子：使用P60～240号砂纸打磨，用手感或打磨指示层检查平整度，针孔和印痕，如图2-23所示。

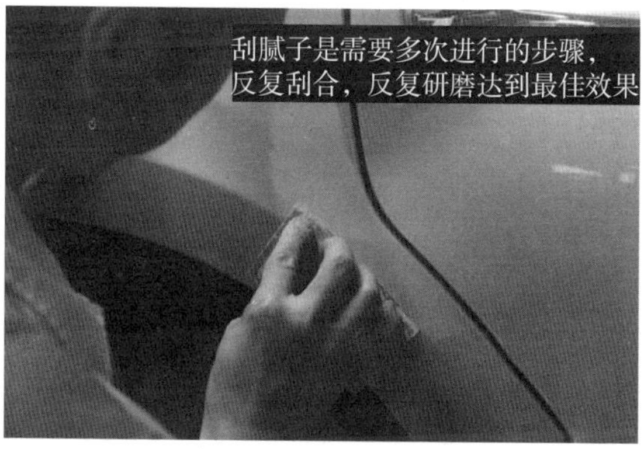

图2-22　填补腻子

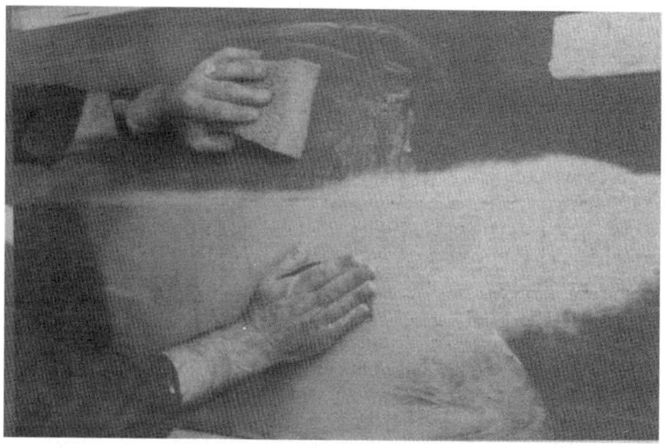

图2-23　打磨腻子施工

(3) 特幼原子灰：有需要时选用，填补针孔、砂纸痕等。

(4) 打磨：使用P280号砂纸彻底打磨车身上需喷涂中间漆的旧漆。

(5) 除尘、清洁：使用压力枪及除硅清洁剂清除车身上的灰尘及污渍。

(6) 贴护：贴上遮蔽纸。

3. 底漆及中涂底漆工艺流程

底漆和与稀释剂、固化剂的比例是4∶1∶1。如果稀释剂少，喷出来的底漆就会太粗，不好找砂痕和毛孔，而且太粗的底漆本身也会留下小的毛孔；也不能太稀，因为太稀容易产生流挂，严重时还会咬底，咬底就是起皱，这是麻烦的事情，要把皱掉的地方全打磨掉后补腻子，如果没有处理好连后面喷面漆也会咬底。底漆具有良好的附着力，并与表面漆层有较好的结合力，而且还可填平那些较小的砂痕和毛孔还有接口，起到易打磨和防锈的作用。现在的底漆用的大部分是灰色，因为灰色是最容易被面漆掩盖的颜色，特别是金属白银色油漆，如图2-24所示。底漆还具有防起

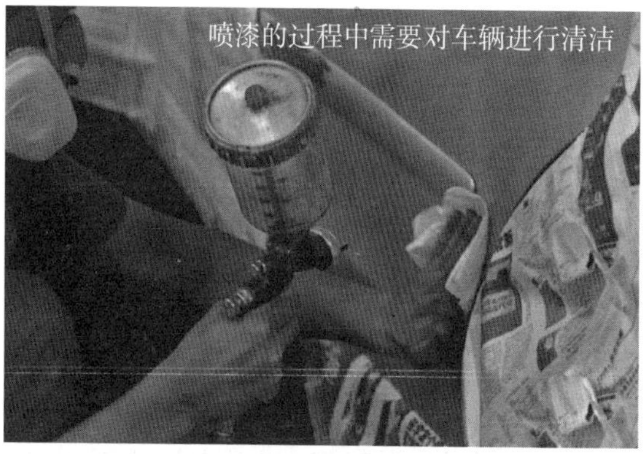

图2-24　底漆喷涂施工

泡的和脱漆的作用。

底漆和中间漆施工工序，如图 2-25 所示。

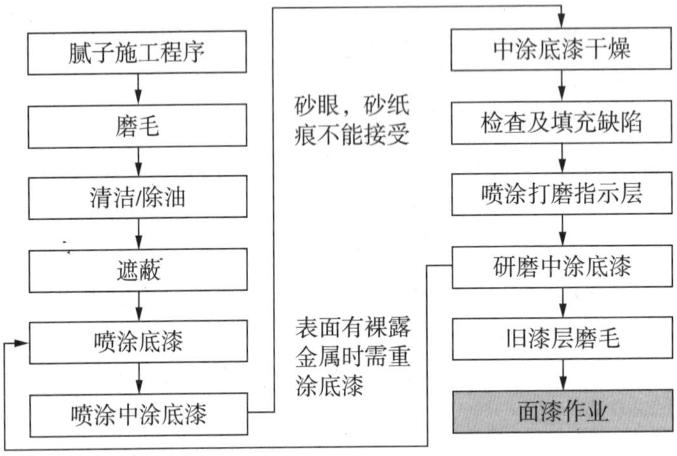

图 2-25　底漆及中涂底漆工艺流程

(1) 喷涂中间漆：混合多功能中间漆 2～3 层，每层隔 5～10 min，然后设置 60℃、30 min 烤干，再喷上打磨指示层。

(2) 打磨中间漆：使用 P320～400 号砂纸打磨干燥后的中间漆。

(3) 检查：检查打磨效果，可做微填。

(4) 除尘、清洁：清除车身上的灰尘和污渍。

(5) 贴护：对车身做贴护遮蔽。

(6) 除尘、清洁：先用压力枪吹出车身上的尘点，用除硅清洁剂清除车身污渍，用压力枪吹出车身缝隙的灰尘，最后以粘尘布粘除车身上的微尘。

4. 面漆喷涂工艺流程

面漆喷涂工艺流程，如图 2-26 所示。

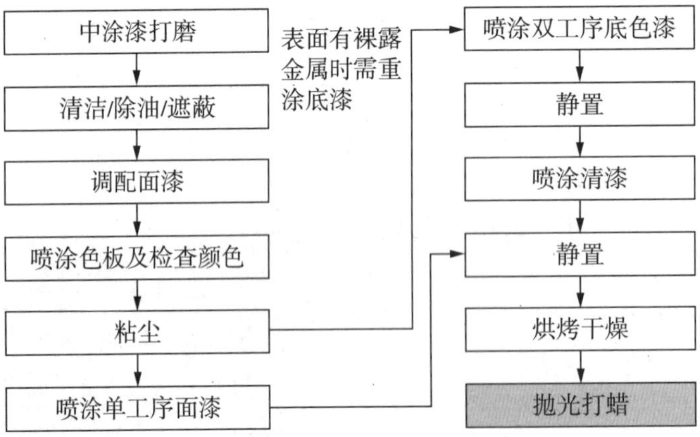

图 2-26　面漆喷涂工艺流程

(1) 首先用除油剂对需要修补的中涂层进行整体除油，待干燥后用粘尘布整体除尘。

(2) 第一遍喷涂。根据喷涂面积的大小，将漆用稀释剂稀释一定的量，然后在喷涂表面整体虚喷一遍，喷涂的漆层厚度应以能透过漆层看到中涂底漆层为准。喷射压力为 290～390 kPa，喷涂过程中无须间隔时间。

(3) 第二遍喷涂。在第一遍虚喷完毕后，间隔 3 min 左右，用粘尘布整体除尘，然后喷涂第二遍。第二遍喷涂的漆层决定了漆面的颜色，此时不必介意色斑，漆层应稍厚一些，喷涂面积应稍有扩大。如果喷涂了二遍仍然不能确定漆面的颜色，应间隔 3 min 后再重复喷涂一遍。

(4) 第三遍喷涂。在第二遍喷涂后，间隔 3 min，用沾尘布整体除尘，将喷枪的出漆量调小，喷涂扇面调大，进行第三遍喷涂。第三遍喷涂的作用是消除色斑，可以再稍添加一些溶剂来降低油漆的黏度，喷涂面积应稍扩大，以减轻新旧漆面的色差对比。

(5) 第三遍漆喷涂完后，不能立即喷涂罩光清漆，否则漆层中的稀释剂难以挥发出来，应有 5～10 min 的时间间隔。这段时间间隔一定不能省略，否则最后的漆面会出现气孔或色斑等缺陷。

(6) 第一遍罩光清漆，不要喷涂过厚，以能显示光泽为好，喷射压力应比喷涂色漆时稍有降低。喷涂第一层清漆时，应将漆层完全覆盖。

(7) 间隔 8 min 左右，喷涂第二层清漆，喷涂面积应稍有扩大，喷枪移动速度应稍慢。喷涂一遍后，将接口剂倒入喷枪内，从外向内直接在新旧漆面结合处喷涂，然后再由内向外在接口处喷涂即可。

5. 喷漆后的抛光

油漆的抛光施工操作，如图 2－27 所示。

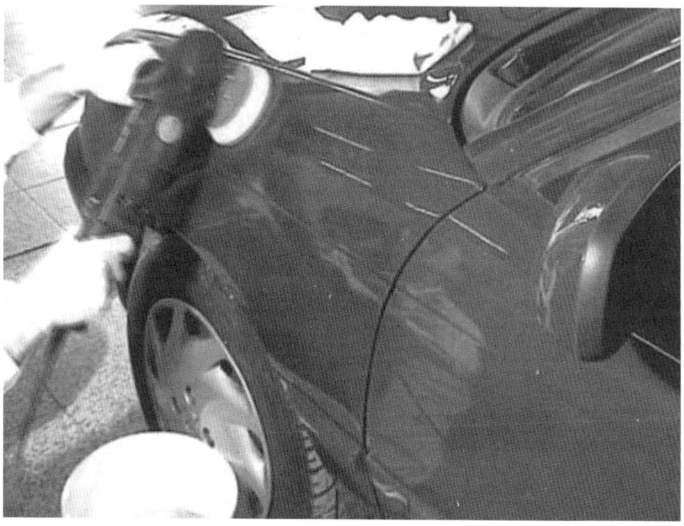

图 2－27 油漆的抛光施工

(1) 处理汽车车漆上的沥青等异物为以后抛光做准备。

(2) 洗车。

(3) 检查全车车漆，确认汽车车漆各个部分是否有补过漆，如果补过漆，抛光时要特别注意，因为那里的车漆很软，容易损坏。

(4) 使用 P1 500～2 000 号的 3M 砂纸对较重的划痕进行处理。

(5) 抛光，使用抛光剂对全车进行第一次抛光。

(6) 洗车，因为通过以上步骤车子上会有很多余蜡。

(7) 还原，用还原剂对全车进行再次抛光提升光泽。

四、小组讨论(学生计划页)

班级		小组	
任务		自命题目	
日期		指导教师	
成员			

要求：根据所学内容，对已提出问题进行讨论。并在课余时间，查找资料，小组自行命题(与课程相关)，总结讨论结果。

1. 请简述漆面较严重损伤的一般喷漆修复工艺流程。

2. 请简述刮涂腻子五道工序是哪五道？

3. 请简述三遍喷涂面漆的具体技术要求。

4. 请简述腻子打磨的技术要求。

5. 关于(　　　　　　　　　　　　　　　　)的讨论：

五、评价(学生考核页)

班级		小组	
任务		自命题目	
成员			
日期			
一、小组代表陈述小组意见			
二、教师对各小组意见进行点评 1. 请简述漆面较严重损伤的一般喷漆修复工艺流程。 2. 请简述刮涂腻子五道工序是哪五道? 3. 请简述三遍喷涂面漆的具体技术要求。 4. 请简述腻子打磨的技术要求。			
三、对小组自命题评价 1. 题目与维修工艺的契合度。 2. 自命题的意义。			

学习情境 3　常见外饰件及内饰件的维修

【学习目标】

1. 了解前保险杠的拆卸步骤；
2. 了解前保险杠的更换工时；
3. 了解前保险杠不同程度受损后的修复工艺。

【情境导入】

一辆大众帕萨特乘用车与一辆通用别克乘用车发生追尾事故，大众帕萨特乘用车前保险杠受损，将车辆拖至4S店，究竟受损的前保险杠该如何修复，以及修复的工时是多少呢？

任务1 前保险杠的维修

一、学习目标

1. 了解前后保险杆的拆卸方法；
2. 了解前后保险杆的维修工艺及维修工时。

二、学习内容

1. 前后保险杆的拆卸方法；
2. 前后保险杆的维修工艺及维修工时。

三、资讯

（一）拆卸步骤

拆卸保险杠两侧轮罩内的紧固螺栓→拆卸保险杠前部下侧的螺栓→拆下保险杠。

（二）维修工艺

前、后保险杠为易受损部件，目前大多数保险杠的材料都为塑料制保险杠，其维修工艺根据损伤程度的不同而不同。

1. 轻微擦伤

轻度的划伤、刮伤一般由漆工手工修整后，直接烤漆即可，划伤部位稍微深一点的可涂抹腻子后再喷漆处理，如图3-1所示。

图3-1 轻微擦伤

2. 凹陷变形

凹陷、弯曲、变形的损伤可采用远红外线灯或电热吹风机对损坏部位采取加热方式修复处理，如图 3-2 所示。

3. 裂缝修复

属于撕裂损坏的，可采取用与本体同等塑料材质的焊棒，用塑料焊机焊接方式处理，如图 3-3 所示。

图 3-2 凹陷变形

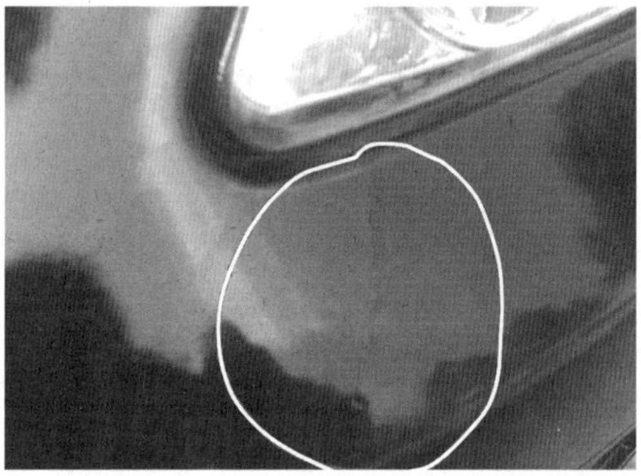

图 3-3 裂缝修复

4. 不可修复

当保险杠出现断裂分离、碎裂缺失，凹凸变形严重，凹凸出现的死褶加热后不能恢复原来的几何状、尺寸等现象的严重损坏时，应予以更换，如图 3-4 所示。

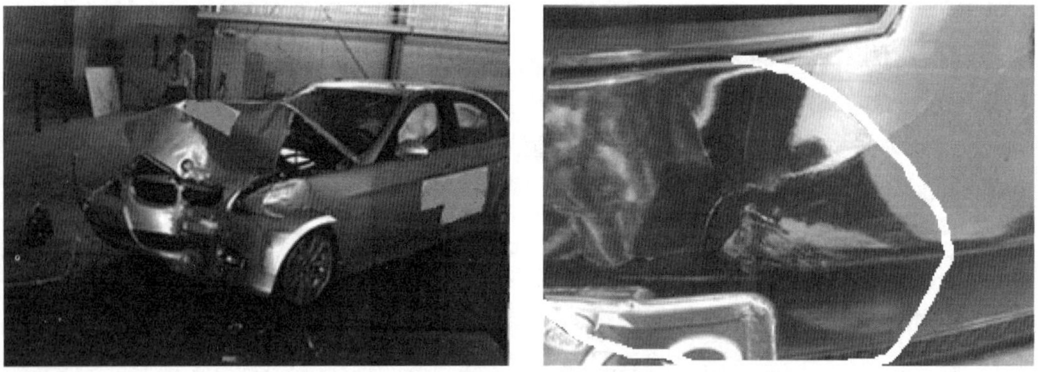

图 3-4 更换

(三) 维修工时

维修工时的标准根据车型不同而不同，以大众帕萨特车型维修工时为参考，如表 3-1 所示。

表 3-1 大众帕萨特前保险杠维修工时

维修项目	维修工时/个
零件拆装	90.0
保险杠全喷漆	110.0
保险杠局部喷漆	60.0
焊缝修复	80.0

四、小组讨论(学生计划页)

	班级		小组	
	任务		自命题目	
	日期		指导教师	
	成员			

要求：根据所学内容，对已提出问题进行讨论。并在课余时间，查找资料，小组自行命题(与课程相关)，总结讨论结果。

1. 请简述前保险杠的拆卸步骤。

2. 请简述前保险杠轻微擦伤时的维修工艺。

3. 请问前保险杠凹陷变形，但没有破损，该如何修理？

4. 关于(　　　　　　　　　　　　　　　　　　　　)的讨论：

五、评价(学生考核页)

班级		小组	
任务		自命题目	
成员			
日期			

一、小组代表陈述小组意见

二、教师对各小组意见进行点评

1. 更换新的前保险杠后，需要喷漆吗?

2. 前保险杠更换的工时大概在多少范围内?

3. 在一起事故中，前保险杠大面积破损折断，还需要修复吗?

4. 前保险杠被人恶意划伤，深度在 2.5 mm 左右，请问这种情况需要怎样的维修工艺?

三、对小组自命题评价

1. 题目与维修工艺的契合度。

2. 自命题的意义。

任务2　车门内饰板的维修

一、学习目标

1. 了解车门内饰板的拆卸方法；
2. 了解车门内饰板的维修工艺及维修工时。

二、学习内容

1. 车门内饰板的拆卸方法；
2. 车门内饰板的维修工艺及维修工时。

三、资讯

(一) 拆卸步骤

用塑料撬板撬开车门内饰板的紧固卡子→拔下饰板内的线束插头→拆下车门内饰板，如图3-5所示。

图3-5　拆卸门饰板

(二) 维修工艺

车门内饰板一般是由纤维-酚醛树脂的复合材料压制成型的，表皮为花纹和颜色的聚氯乙烯(PVC)压延膜，中间层是提供了柔软手感的发泡聚乙烯制成，有些高档车的车门内饰板外表面局部是真皮的。

内饰板的损坏形式多为车辆事故造成内饰板表面纤维及皮革破损，内饰板变形、开裂等，根据受损程度有不同的维修工艺。

1. 表皮轻微擦伤

事故中内饰板表皮被乘员的身体擦伤的，如果没有明显的破损，应予以修复，对于局部是桃木饰板的，应修复桃木。

2. 饰板变形

饰板受撞击挤压至变形的，基本以更换为主，如图3-6所示。

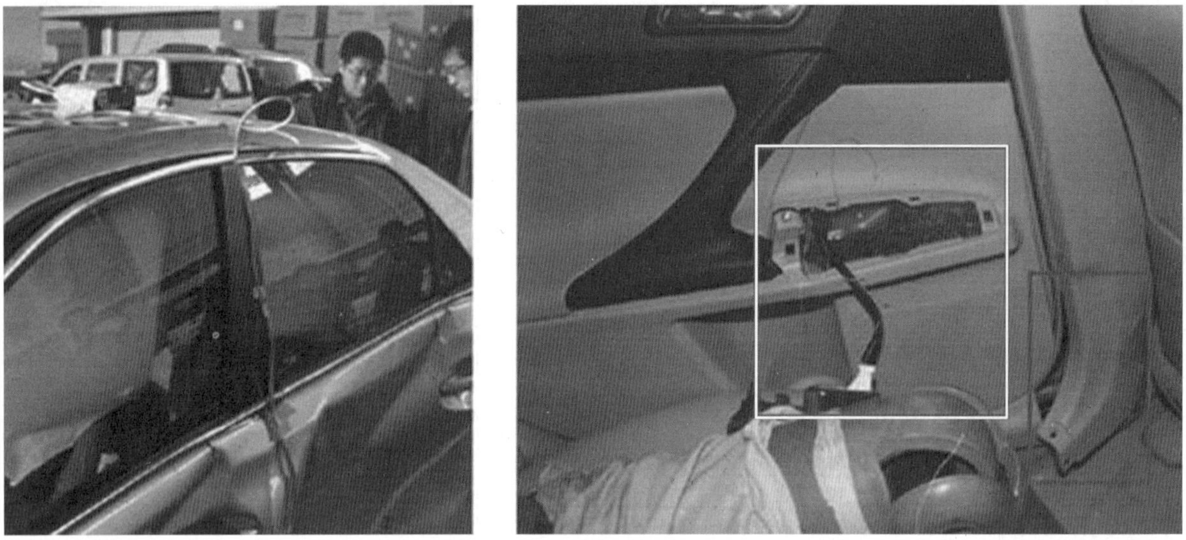

图 3-6　饰板变形

3. 饰板破损断裂

饰板断裂,应采取更换的修复方式,如图 3-7 所示。

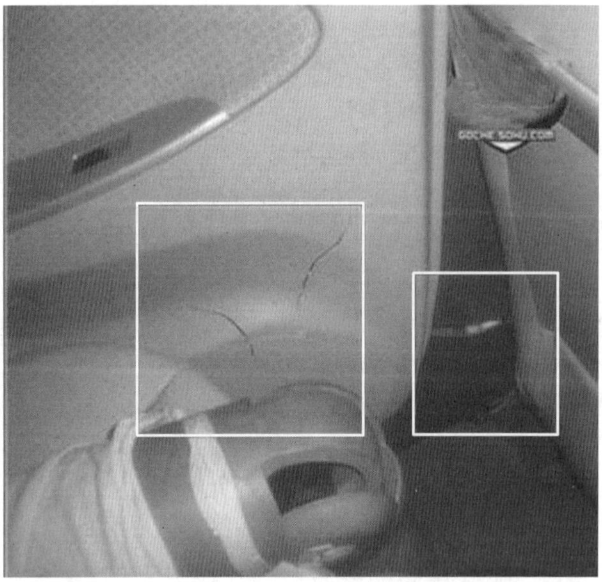

图 3-7　门饰板断裂

(三) 维修工时

维修工时的标准根据车型不同而不同,以大众帕萨特车型维修工时为参考,如表 3-2 所示。

表 3-2　大众帕萨特车门内饰板维修工时

维修项目	维修工时/个
零件拆装	50.0

四、小组讨论(学生计划页)

班级		小组	
任务		自命题目	
日期		指导教师	
成员			

要求：根据所学内容，对已提出问题进行讨论。并在课余时间，查找资料，小组自行命题(与课程相关)，总结讨论结果。

1. 请简述车门内饰板的拆卸步骤。

2. 请简述车门内饰板断裂时的维修工艺。

3. 车门内饰板凹陷变形，但没有破损，该如何修理？

4. 关于(　　　　　　　　　　　　　　　　　　　　)的讨论：

五、评价(学生考核页)

班级		小组	
任务		自命题目	
成员			
日期			
一、小组代表陈述小组意见			
二、教师对各小组意见进行点评 1. 车门内饰板上的桃木饰板破损了是否一定要进行更换? 2. 车门内饰板更换的工时大概在多少范围内? 3. 事故中,车门内饰板基本折断,还需要修复吗?			
三、对小组自命题评价 1. 题目与维修工艺的契合度。 2. 自命题的意义。			

任务3　顶棚饰板的维修

一、学习目标

1. 了解顶棚饰板的拆卸方法；
2. 了解顶棚饰板的维修工艺及维修工时。

二、学习内容

1. 顶棚饰板的拆卸方法；
2. 顶棚的维修工艺及维修工时。

三、资讯

(一) 拆卸步骤

拆卸天窗及门控灯控制面板→拆卸乘员辅助拉手→ 拆卸顶棚紧固卡子→拆卸顶棚饰板，如图3－8所示。

图3－8　拆卸顶棚

(二) 维修工艺

顶棚饰板一般由无纺毡黏附到基板组成，有些高档车的内饰板表皮是羊皮或鹿皮的，但成本较高。顶棚饰板在事故中的损坏形式多为变形、开裂折断等，根据受损程度有不同的维修工艺。

1. 顶棚变形

顶棚饰板受撞击挤压至变形的，基本以更换为主，如图3－9所示。

2. 顶棚断裂

严重车辆事故造成顶棚断裂损坏的，应予以更换，如图3－10所示。

图3－9　顶棚变形

图3－10　顶棚断裂

(三) 维修工时

维修工时的标准根据车型不同而不同，以大众帕萨特车型维修工时为参考，如表3－3所示。

表 3－3　大众帕萨特顶棚饰板维修工时

维修项目	维修工时/个
零件拆装	190.0

四、小组讨论(学生计划页)

<table>
<tr><td rowspan="4"></td><td>班级</td><td></td><td>小组</td><td></td></tr>
<tr><td>任务</td><td></td><td>自命题目</td><td></td></tr>
<tr><td>日期</td><td></td><td>指导教师</td><td></td></tr>
<tr><td>成员</td><td colspan="3"></td></tr>
</table>

要求：根据所学内容，对已提出问题进行讨论。并在课余时间，查找资料，小组自行命题(与课程相关)，总结讨论结果。

1. 请简述顶棚饰板的拆卸步骤。

2. 请简述顶棚饰板变形时的维修工艺。

3. 在一起严重的事故中，车辆的顶棚被掀飞，顶棚内饰板该如何修理？

4. 关于(　　　　　　　　　　　　　　　　　　)的讨论：

五、评价(学生考核页)

班级		小组	
任务		自命题目	
成员			
日期			

一、小组代表陈述小组意见

二、教师对各小组意见进行点评

1. 请简述顶棚饰板的安装步骤。

2. 顶棚饰板更换的工时大概在多少范围内？

三、对小组自命题评价

1. 题目与维修工艺的契合度。

2. 自命题的意义。

任务4　仪表台的维修

一、学习目标

1. 了解仪表台的拆卸方法；
2. 了解仪表台的维修工艺及维修工时。

二、学习内容

1. 仪表台的拆卸方法；
2. 仪表台的维修工艺及维修工时。

三、资讯

（一）拆卸步骤

仪表台的拆卸比较复杂，在更换时所耗费的人工也比较多，具体的拆卸步骤如下：

拆卸转向盘总成→拆卸空调出风口→拆卸空调控制面板→拆卸收音机及CD机总成→拆卸仪表台板紧固螺栓→拆卸仪表台总成，如图3－11所示。

（二）维修工艺

仪表台板一般是塑料件，质地较软，在碰撞事故中不会对乘员造成二次伤害。如果在事故中安全气囊爆开，仪表台就会遭到损坏，需要更换新的，如图3－12所示。

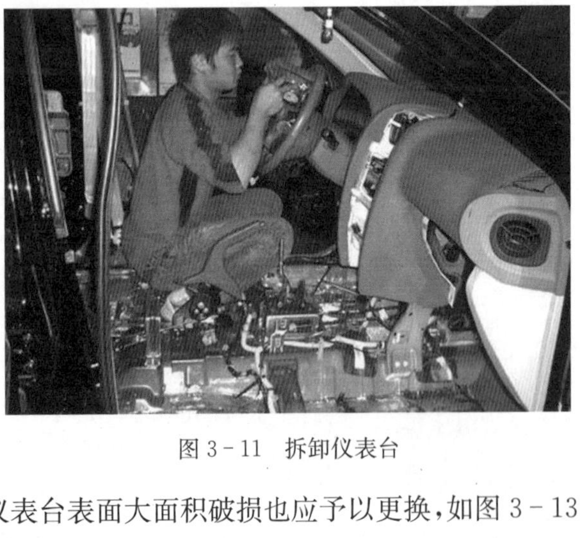

图3－11　拆卸仪表台

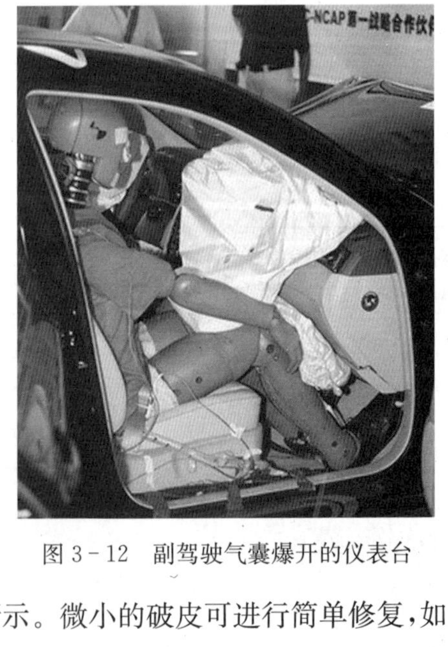

图3－12　副驾驶气囊爆开的仪表台

仪表台表面大面积破损也应予以更换，如图3－13所示。微小的破皮可进行简单修复，如图3－14所示。

（三）维修工时

维修工时的标准根据车型不同而不同，以大众帕萨特车型维修工时为参考，如表3－4所示。

图 3－13 仪表台大面积破损

图 3－14 微小破皮处理

表 3－4 大众帕萨特仪表台维修工时

维修项目	维修工时/个
仪表台拆装	40.0

四、小组讨论(学生计划页)

班级		小组	
任务		自命题目	
日期		指导教师	
成员			

要求：根据所学内容，对已提出问题进行讨论。并在课余时间，查找资料，小组自行命题(与课程相关)，总结讨论结果。

1. 请简述仪表台的拆卸步骤。

2. 请简述气囊爆开后仪表台的维修工艺。   3. 请问仪表台有微小破皮，需要更换吗？   4. 关于(　　　　　　　　　　　　　　　　　　　　)的讨论：

五、评价(学生考核页)

班级		小组	
任务		自命题目	
成员			
日期			
一、小组代表陈述小组意见			

二、教师对各小组意见进行点评 1. 请简述仪表台的安装步骤。   2. 仪表台更换的工时大概在多少范围内？
三、对小组自命题评价 1. 题目与维修工艺的契合度。   2. 自命题的意义。

任务5　汽车玻璃的维修

一、学习目标

1. 了解汽车前后风窗玻璃的拆卸方法；
2. 了解车门玻璃的拆卸方法；
3. 了解汽车玻璃的维修工艺及维修工时。

二、学习内容

1. 汽车前后风窗玻璃的拆卸方法；
2. 车门玻璃的拆卸方法；
3. 汽车玻璃的维修工艺及维修工时。

三、资讯

(一) 拆卸步骤

1. 前风玻璃的拆卸步骤

拆卸刮水臂→遮挡空调出风口→拆卸中间后视镜→拆卸玻璃压条→从风窗玻璃框架和玻璃之间穿过直径为0.5 mm,长约2.5 m的钢丝→两头人员来回拉扯→直至拿掉破碎玻璃,如图3-15所示。

图3-15　拆卸前风窗玻璃

2. 后风窗玻璃的拆卸步骤

拆卸后刮水臂→断开玻璃除霜器连接器→拆卸玻璃压条→从风窗玻璃框架和玻璃之间穿过直径为0.5 mm,长约2.5 m的钢丝→两头人员来回拉扯→直至拿掉破碎玻璃。

(二) 维修工艺

前后风窗玻璃是事故损伤的重要部件之一,当玻璃损坏后一般不予维修,应直接更换,如图3-16和图3-17所示。

图3-16　损坏的前风窗玻璃

图3-17　损坏的后风窗玻璃

（三）维修工时

前后风窗玻璃的维修工时，因车型、地区收费不同工时单价及工时数都不同，以大众帕萨特车型维修工时为参考，如表 3－5 所示。

表 3－5 大众帕萨特玻璃的拆装与维修工时

维修项目	维修工时/个
更换前风窗玻璃	40.0
更换后风窗玻璃	30.0

四、小组讨论（学生计划页）

	班级		小组	
	任务		自命题目	
	日期		指导教师	
	成员			

要求：根据所学内容，对已提出问题进行讨论。并在课余时间，查找资料，小组自行命题（与课程相关），总结讨论结果。

1. 请简述前风窗玻璃的拆卸步骤。

2. 请简述后风窗玻璃的拆卸步骤。

3. 前后风窗玻璃维修工时包括哪几部分？

4. 关于(　　　　　　　　　　　　　　　　　　　　)的讨论：

五、评价(学生考核页)

班级		小组	
任务		自命题目	
成员			
日期			
一、小组代表陈述小组意见			

<table>
<tr><td>二、教师对各小组意见进行点评
1. 请简述前后风窗玻璃的拆卸步骤。

2. 前后风窗玻璃的维修工时大概在多少范围内?

</td></tr>
<tr><td>三、对小组自命题评价
1. 题目与维修工艺的契合度。

2. 自命题的意义。

</td></tr>
</table>

学习情境 4　常见钣金件的维修

【学习目标】

1. 了解定损应掌握的原则；
2. 了解钣金件和塑料件的修换原则；
3. 熟记事故车钣金喷漆工时费标准；
4. 掌握工时费注意事项。

【情境导入】

某日，现场查勘员小吴接到事故保险电话，随后小吴赶到事故现场。该车的左侧面受到一辆卡车的撞击，造成该车左前门、左后门严重损坏，左侧围护面塌陷。紧接着小吴需要根据该车的维修项目和维修工时，对该车的维修费用进行估算。小吴该如何根据他所掌握的钣金件的维修工艺和工时，给出合理的保险理赔报价？

任务1　发动机罩组件的维修

一、学习目标

1. 了解发动机罩的拆卸方法；
2. 了解发动机罩隔热垫的拆卸方法；
3. 了解发动机罩及隔热垫的维修工艺及维修工时。

二、学习内容

1. 发动机罩的拆卸方法；
2. 发动机罩隔热垫的拆卸方法；
3. 发动机罩及隔热垫的维修工艺及维修工时。

三、资讯

(一) 发动机罩的维修

1. 拆卸步骤

掀开发动机罩→拆下发动机罩隔热垫紧固卡子→拆下发动机罩隔热垫→拆下发动机罩紧固螺栓→拆下发动机罩。

2. 维修工艺

根据受损程度不同，采用不同的维修方法，发动机罩的维修以更换为主。如图4-1所示，轻度损伤的发动机罩可以对其修复，钣金修复之后再进行喷漆处理。如图4-2所示，重度损伤的发动机罩则直接更换新件，把新件上的底漆打磨掉以后再重新喷漆，最后安装。对于只有漆面轻微损伤

图4-1　轻度受损的发动机罩

图4-2　重度受损的发动机罩

的，即刮伤凹陷深度在 2.5 mm 之内的可不用钣金，只进行喷漆修补。

3. 维修工时

维修工时的执行标准根据不同地区、不同厂商、不同车型、有所不同，还跟工时单价有关。一般工时单价较低，维修工时数就较多；工时单价较高，维修工时数就较少。本书介绍的维修工时数以较高的工时单价为基准，所以工时数偏低，因为不同车型的工时单价及工时数都不同，在此仅作参考。

发动机罩的维修工时包括零件拆装、钣金修复、喷漆、抛光等，如表 4－1 所示。

表 4－1 发动机罩维修工时

维修项目	维修工时/个
零件拆装	0.5
钣金修复	1.0
喷漆	5.5
抛光	0.4

（二）发动机罩隔热垫的维修

1. 拆卸步骤

掀开发动机罩→拆下发动机罩隔热垫紧固卡子→拆下发动机罩隔热垫。

2. 维修工艺

一般隔热垫属于棉织物，破损后基本都采用更换新件。

3. 维修工时

发动机罩隔热垫维修工时，如表 4－2 所示。

表 4－2 发动机罩隔热垫维修工时

维修项目	维修工时/个
零件拆装（更换）	0.5

四、小组讨论（学生计划页）

班级		小组	
任务		自命题目	
日期		指导教师	
成员			

要求：根据所学内容，对已提出问题进行讨论。并在课余时间，查找资料，小组自行命题（与课程相关），总结讨论结果。

1. 请简述发动机罩的拆卸步骤。

2. 请简述发动机罩隔热垫的拆卸步骤。

3. 请简述发动机罩的维修工艺。

4. 发动机罩的维修工时包括哪几部分？

5. 关于(　　　　　　　　　　　　　　　　　　　　)的讨论：

五、评价(学生考核页)

班级		小组	
任务		自命题目	
成员			
日期			

一、小组代表陈述小组意见

二、教师对各小组意见进行点评

1. 请简述发动机罩隔热垫的维修工艺。

2. 发动机罩的维修工时大概在多少范围内?

3. 在一起事故中,如发动机罩大面积严重弯折变形,还需要钣金修复吗?

4. 发动机罩有一小处漆面轻微擦伤,金属件没有变形,需要进行何种维修工艺?

三、对小组自命题评价

1. 题目与维修工艺的契合度。

2. 自命题的意义。

任务2　前后翼子板的维修

一、学习目标

1. 了解前后翼子板的钣金维修方法；
2. 了解前后翼子板的维修工艺及维修工时。

二、学习内容

1. 前翼子板正面碰撞的修复方法；
2. 翼子板侧面碰撞的修复方法。

三、资讯

（一）维修工艺

1. *翼子板正面碰撞的维修工艺*

翼子板正面碰撞的维修步骤如下：

（1）拆下前照灯圈及灯座等，将垫铁垫于前照灯孔内，使垫铁两端卡住灯孔的边缘。

（2）把钢丝索的一端系在扁铁上，另一端系在墙柱上或某个合适的建筑体上。

（3）倒车自行拖拉，使褶皱逐渐打开，但个别的小褶皱还未打开。

（4）卸下翼子板，在平台上进行修整。用氧气-乙炔火焰对死褶皱进行加热，并用撬具撬开。加热一段撬开一段，使其缓解。

（5）将翼子板凹面朝上置于平台上，由翼子板里侧敲平褶皱。边敲边旋转翼子板，如图4-3所示。

（6）将里侧基本敲平的翼子板翻转过来，即凸面朝上，用垫铁垫在里侧，由外向里继续敲击，最终使褶皱完全展开，如图4-4所示。

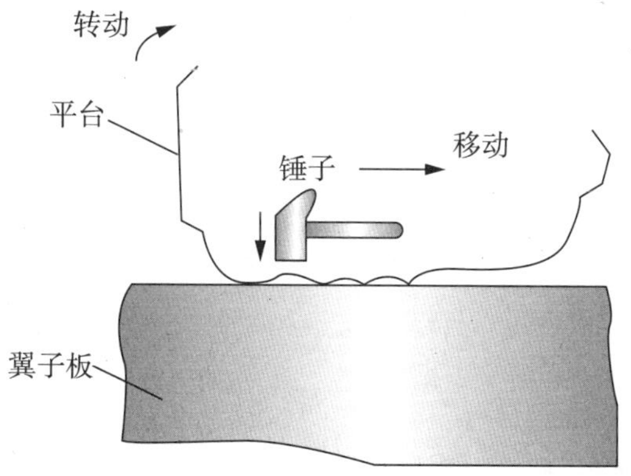

图4-3　凹面向上在平台上进行敲击

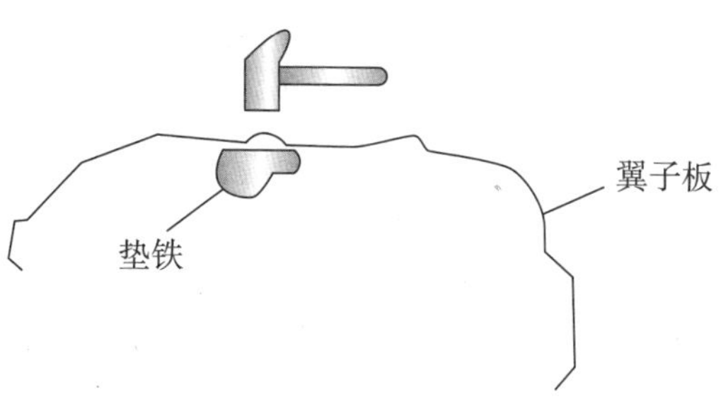

图4-4　凸面向上用垫铁垫着进行敲击

（7）两面基本敲平后，将翼子板装回车上，用锤子和垫铁进行一次全面的修整。修复灯孔时，要先整圆，再修边。大致修复到原形后，再对比两侧，将伸张部分用加热法进行收缩，最后再全面细致地加工一番，最终使整个翼子板恢复到原来形状。

2. 翼子板侧面碰撞的维修工艺

翼子板侧面碰撞的维修步骤如下：

(1) 首先用一根木棒从车轮与翼子板的空隙处伸进，用力往外撬，即可将凹坑大体顶出来，趋于原状。

说明：侧面被撞击，由于凹面面积较大，凹坑偏深而死褶较少，所以可以木棒撬。如果被碰撞后，凹陷褶皱较多，则凹陷褶皱部位的展开与平整和正面被撞修复方法大致相同。

(2) 用垫铁在里侧顶住向外突出的较小部分，再用锤子在外表面出敲击凸出的部分。

(3) 用锤子边敲击边移动，垫铁也同时移动。

(4) 翼子板的边缘应用专用的垫铁在里边衬托，垫铁的边缘要对准弯折线，一手持锤从正面弯折线边缘敲击，如图 4－5 所示。

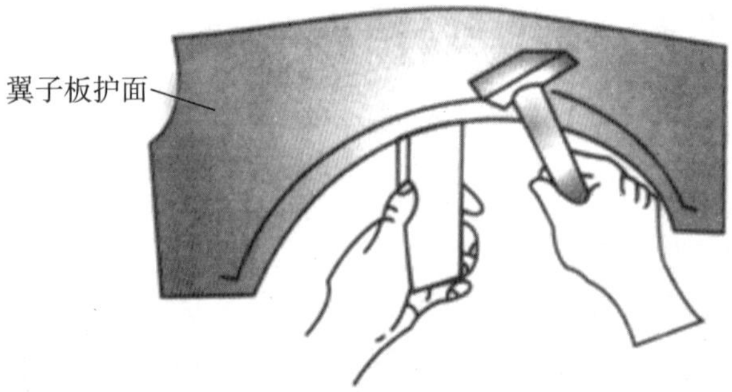

图 4－5 后翼子板侧面撞击修复方法

(5) 逐渐移动垫铁，循序渐进，使工件边缘逐渐恢复原形，直到全部平整。

3. 用钣金整形夹具修复翼子板

钣金整形夹是一种较为先进的汽车钣金修理工具，其结构简单，使用方便，如图 4－6 所示。如汽车翼子板被撞造成凹陷，修复时使用此夹具，可以不必拆卸下翼子板，即能完成凹陷部分的整平，效果也较佳，明显优于普通手工整形。整形用的辊子形状有很多种，可选择使用。一般轻微撞击产生的凹陷较浅，可用木锤大致敲平后，再用整形夹的辊子滚压，即可恢复原来的形状。

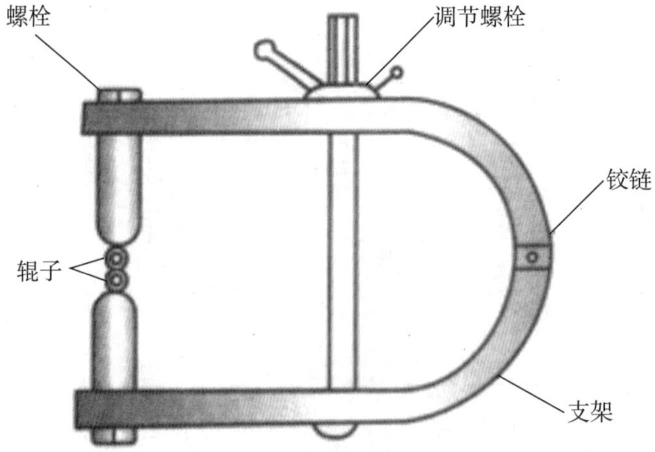

图 4－6 汽车钣金整形夹

用钣金整形夹具修复翼子板的步骤如下：

(1) 利用千斤顶将车顶起，然后拆下车轮和车灯，除去翼子板里面的灰尘和污泥。

注意：操作时要小心谨慎，不要损坏导线及电子元件。

(2) 在翼子板凹陷处背面垫好沙包，用木锤将翼子板表面大致敲平。敲击时要缓和，以免将钢板敲涨而变形，且宜从凹陷部位的周边向中心敲击。

(3) 选择适当的辊棍装于整形夹上，再将整形夹装于汽车翼子板的被撞部位，并调整调节螺栓，使辊子之间施以轻微的压力。用整形夹做均匀的反复滚压，以压平凹陷部位。观察被压部位是否滚压平整，再用手触摸，如仍有不平之处，再继续滚压，直至压平。

(4) 整平翼子板后，即可卸下整形夹，装上车轮、车灯等附件，然后进行表面喷漆工序，最后将喷涂后的翼子板安装于车体上。

(二) 维修工时

前后翼子板的维修工时包括拆装、喷漆、抛光等，如表4-3所示。

表4-3　前后翼子板维修工时

维修项目	维修工时/个
前翼子板拆装	2.0
前翼子板喷漆	2.0
后翼子板拆装	2.5
后翼子板喷漆	2.0
抛光	0.4

四、小组讨论(学生计划页)

	班级		小组	
	任务		自命题目	
	日期		指导教师	
	成员			

要求：根据所学内容，对已提出问题进行讨论。并在课余时间，查找资料，小组自行命题(与课程相关)，总结讨论结果。

1. 请简述翼子板发生正面碰撞的修复工序。

2. 请简述翼子板侧面碰撞的修复工序。

3. 请简述使用钣金整形夹具的方法。

4. 关于(　　　　　　　　　　　　　　　　　　　　)的讨论:

五、评价(学生考核页)

班级		小组	
任务		自命题目	
成员			
日期			
一、小组代表陈述小组意见			

二、教师对各小组意见进行点评

1. 请简述翼子板发生正面碰撞的修复工序。

2. 请简述翼子板侧面碰撞的修复工序。

3. 请简述使用钣金整形夹具的方法。

三、对小组自命题评价

1. 题目与维修工艺的契合度。

2. 自命题的意义。

任务3　车门组件的维修

一、学习目标

1. 了解车门组件的拆卸方法；
2. 了解车门组件的维修工艺及维修工时。

二、学习内容

1. 车门面板的更换方法；
2. 车门面板的维修工艺及维修工时。

三、资讯

(一) 维修方式

由于车门是汽车车身总成中的可拆卸部件，是由内外板合成的盒式构件，故应根据其受伤的轻重程度与情况的不同，采取不同的修复方式。具体如下：

(1) 不拆掉内板，在车身上直接修复；

(2) 不拆掉内板，但必须拆卸车门在工作台上修复；

(3) 既拆卸下车门总成，又必须卸掉内板(内、外板分离)的修复等。

如果碰撞情况较轻，撞击的部位较易修整，可不必将车门总成拆卸下来，而在车身上直接修复。可以采用"钻孔拉伸法"，也可以采用"焊接垫圈拉伸法"。

(二) 维修工艺

车门面板的更换步骤如下：

(1) 在拆卸车门之前，应检查车门铰链是否弯曲，观察车门与车门洞间的位置关系。

(2) 查看门板的固定方式，以确定需要拆卸内部的哪些构件。

(3) 拆卸车门玻璃，以免在修理车门时破裂。

(4) 拆下车门，放到合适的工作场所。

(5) 用氧气-乙炔火焰和钢丝刷除掉面板边缘焊点部位的油漆，然后用钻和焊点剔除工具除掉焊点。

(6) 在门框上贴上标记条，分别测出面板边缘到标记条下边线的距离 b 和面板边缘到门框的距离 a，如图 4-7 所示。

(7) 用等离子弧切割机或砂轮机把面板和门框之间的钎焊缝剔除，如图 4-8 所示。

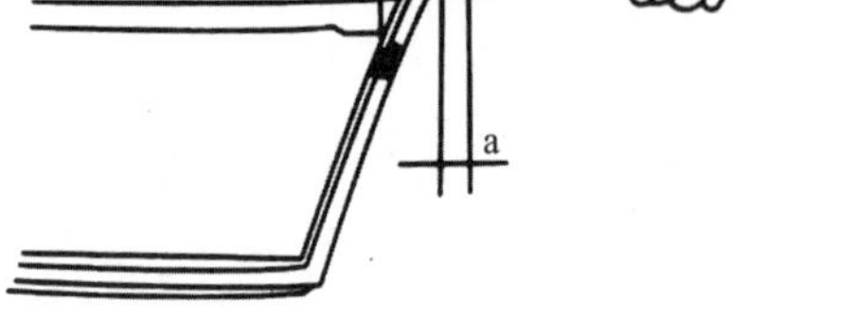

图 4-7　检测出面板的位置

图 4-8　打磨面板和门框之间的钎焊缝

(8) 打磨面板边缘的翻边，只需磨掉外缘而使其断开即可，不要打磨到门框上，不要用割炬或电凿来拆卸，以免造成门框变形或被意外割坏，如图 4－9 所示。

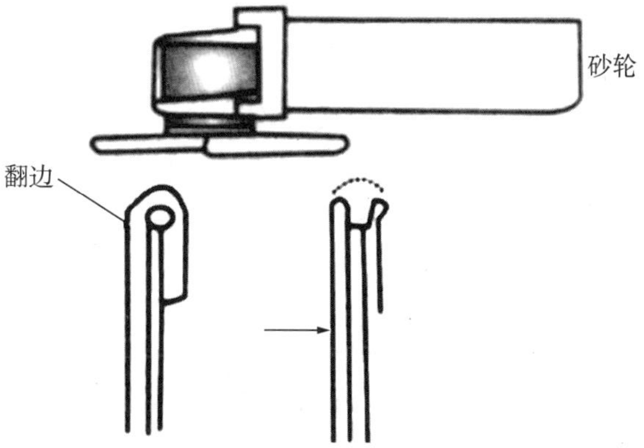

图 4－9　翻边外缘打磨前后的断面

(9) 用锤子和錾子把面板和门框剥离开来，用剪子沿那些无法钻掉或磨掉的焊点周围把面板剪开，如图 4－10 所示。

(10) 到面板能自由活动时，拆下面板，用钳子拆除留下的翻边，再用砂轮机打磨掉残留的焊点、钎料和锈斑。

(11) 拆下面板后检查门框的损坏情况，同时对内部损伤进行修理，必要时，用锤子和砧铁修理内折边上的损伤。

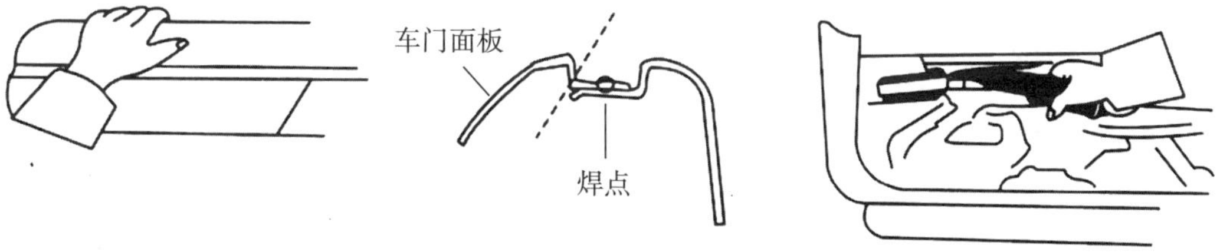

图 4－10　用剪刀沿焊点周围剪开

(12) 在焊接部位涂上透焊防蚀涂料，其余裸露部位涂防锈漆或其他防锈涂料。

(13) 准备安装新面板。钻出或冲出塞焊用孔，用砂纸磨去焊接或钎焊部位的油漆。裸露部分应涂上透焊防蚀涂料。

(14) 有些面板配有隔音板，这些隔音板必须固定到面板上。这时应先用酒精擦净面板，然后用加热灯对面板和隔音板进行加热，最后用黏结剂将它们黏结起来。

(15) 在新面板背面涂上车身密封胶，在距翻边 10 mm 处均匀涂抹，厚度为 3 mm。

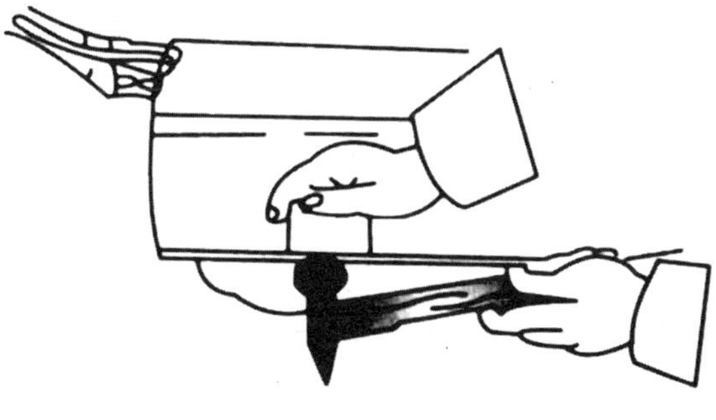
图 4－11　敲出面板边缘的翻边

(16) 用夹钳将面板安装到门框上，准确地对好位置，对需要钎焊的部分进行钎焊。

(17) 用锤子和铁砧做翻边。翻边时铁砧上比包上市，以免划伤面板。翻边应分三步逐步地进行，注意不要使面板错位，不要出现凸起或折痕，如图 4－11 所示。

(18) 翻边到 30°后，用翻边钳收尾。收尾也分三步进行，同时要注意不要造成面板变形，如图 4－12 所示。

(19) 用点焊或塞焊焊接车门玻璃框，然后再对翻边进行定位点焊，如图 4－13 所示。

(20) 在翻边处涂上接缝密封胶，在焊接和钎缝部位的内侧涂防蚀材料。

(21) 在新面板上钻出用于安装嵌条和装饰条的孔。在安装任何零件前，所有的棱边都应修整好。

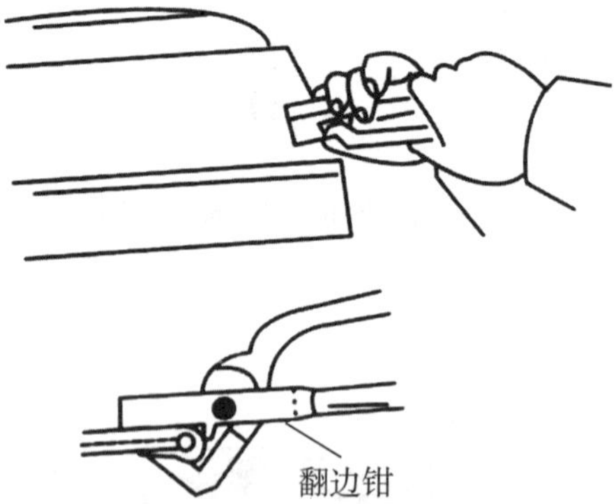

图 4-12　用翻边钳进行翻边

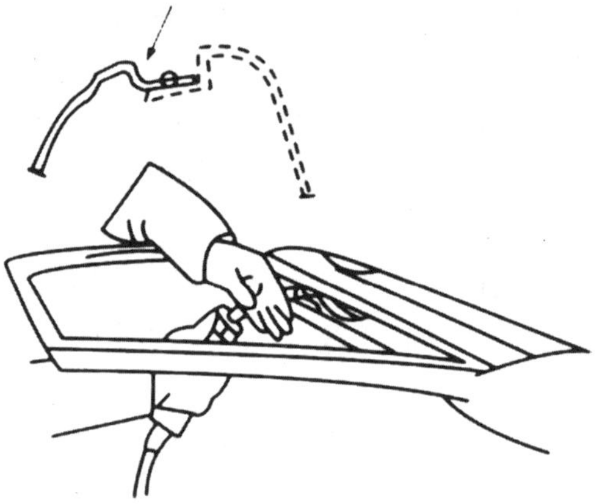

图 4-13　车门玻璃框的焊接

(22) 将车门放入门洞内，检查定位情况，为表面装饰做好准备后，把车门装好。

(23) 调准车门和相邻板件件的位置关系，检查转动是否灵活。

(二) 维修工时

车门组件的维修工时包括拆装旧件、新件喷漆、新件安装和抛光等，如表 4-4 所示。

表 4-4　车门组件维修工时

维修项目	维修工时/个
旧件拆装	4.0
新件喷漆	4.8
新件安装	4.0
抛光	0.4

四、小组讨论(学生计划页)

<table>
<tr><td rowspan="4"></td><td>班级</td><td></td><td>小组</td><td></td></tr>
<tr><td>任务</td><td></td><td>自命题目</td><td></td></tr>
<tr><td>日期</td><td></td><td>指导教师</td><td></td></tr>
<tr><td>成员</td><td colspan="3"></td></tr>
</table>

要求：根据所学内容，对已提出问题进行讨论。并在课余时间，查找资料，小组自行命题（与课程相关），总结讨论结果。

1. 请简述车门钣金修复的几种方式和应用情况。

2. 请简述更换部分车门面板的钣金修复工艺流程。

3. 请简述处理焊接部位的工艺要求。

4. 请简述处理面板边缘翻边的工艺要求。

5. 关于（ ）的讨论：

五、评价(学生考核页)

班级		小组	
任务		自命题目	
成员			
日期			

一、小组代表陈述小组意见

二、教师对各小组意见进行点评

1. 请简述车门钣金修复的几种方式和应用情况。

2. 请简述更换部分车门面板的钣金修复工艺流程。

3. 请简述处理焊接部位的工艺要求。

4. 请简述处理面板边缘翻边的工艺要求。

三、对小组自命题评价

1. 题目与维修工艺的契合度。

2. 自命题的意义。

任务4 汽车前围护面的维修

一、学习目标

1. 了解汽车前围护面的损伤原因；
2. 了解汽车前围护面的钣金修复方法；
3. 了解汽车前围护面的维修工艺及维修工时。

二、学习内容

1. 汽车前围护面的钣金修复方法；
2. 汽车前围护面的维修工艺及维修工时。

三、资讯

汽车碰撞时的受力及受损程度取决于事故发生时的状况。通过了解碰撞的过程，能够部分地确定出汽车所受的损伤。因而，在修复之前必须掌握被撞的汽车方位、构造、车速、方向和角度等内容，以便能够准确分析，确定引起损伤的实际原因。

几辆重量接近的汽车，若以不同的车速行驶，车辆的撞伤程度会因撞击对象的不同而有较大的差异。如汽车撞上墙壁和电线杆的后果就有很大的区别。前者的碰撞面积较大，损伤程度较轻；后者的碰撞面积较小，损伤程度较重，同时，汽车保险杠、发动机罩、水箱等部件都会发生严重的变形。

(一) 维修工艺

前围护面碰撞的损伤修复步骤如下：

(1) 将一根粗细适宜的钢丝绳的一端系在前保险杠的中央凹陷处，即被撞击部位，另一端系于地桩上。

(2) 然后起动车辆(若此车发动机损坏无法发动，可用其他车辆拖拽)，缓缓倒车。

(3) 随着钢丝绳的拉紧，被撞弯曲的保险杠便可逐渐伸直，如图 4-14 所示。在拖拉的同时，用锤子随时敲击保险杠的弯曲部分的四周，以助伸展和定型。

说明：如有必要，还应拆掉发动机水箱、散热器罩及一些电器零部件，以防不必要的损坏。

(4) 大的凹陷被拉平后，对于一些小的凹凸不平部分，可以借助锤子和垫铁进行手工平整。

说明：在平整时，对尚存的一些凹陷较大的部位，可用垫铁顶在里面的凹坑处，再用中号铁锤敲击外边的凸起，则可将其顶出，如图 4-15 所示。若顶起时困难，可用氧气-乙炔焊炬以碳化火焰

图 4-14 用撑拉法修复前围

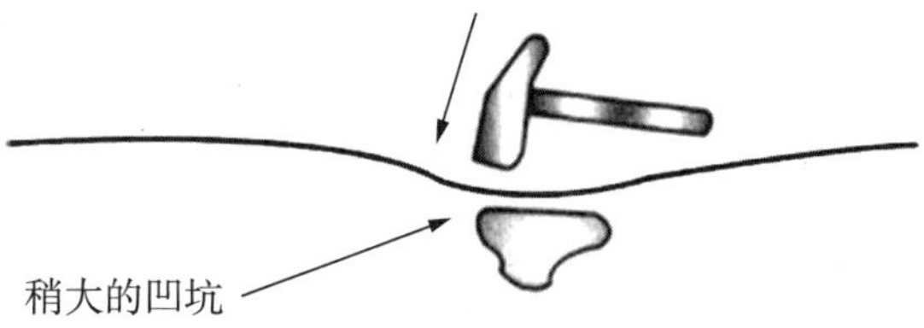

图 4-15 平整凹坑的方法

加热，将凹坑顶出。

(5) 稍大些的凹坑被顶出后，尚会存在一些小的凸出点，这时，可改用小号铁锤与垫铁配合，仍用上述方法，如图 4-16(a)所示，进行敲击，便可将稍小的凸出部分敲平。

(6) 最后将垫铁与铁锤分别从里外对准一个点，对尚存的一些凹凸点很小的部分进行敲击，矫平，使整个工件全部平整，达到理想的修复状态，如图 4-16(b)所示。

(a) 对小凸点进行敲击　　(b) 对最后的凸点进行敲击

图 4-16　对工件进行最后的平整

(二) 维修工时

前围护面维修工时主要包括前保险杠拆装、前保险杠喷漆、前横梁修理、前纵梁修理等，如表 4-5 所示。

表 4-5　前围护面维修工时

维修项目	维修工时/个
前保险杠拆装	1.9
前保险杠喷漆	3.1
前横梁修理	2.1
前纵梁修理	13.0

四、小组讨论(学生计划页)

	班级		小组	
	任务		自命题目	
	日期		指导教师	
	成员			

要求：根据所学内容，对已提出问题进行讨论。并在课余时间，查找资料，小组自行命题(与课程相关)，总结讨论结果。

1. 请简述前保险杠维修的基本工序。

2. 请简述较大凹陷维修的基本工序。

3. 关于(　　　　　　　　　　　　　　　　　　　　)的讨论：

五、评价(学生考核页)

班级		小组	
任务		自命题目	
成员			
日期			
一、小组代表陈述小组意见			

二、教师对各小组意见进行点评

1. 请简述前保险杠维修的基本工序。

2. 请简述较大凹陷维修的基本工序。

三、对小组自命题评价

1. 题目与维修工艺的契合度。

2. 自命题的意义。

任务5　汽车后围护面的维修

一、学习目标

1. 了解汽车后围护面损伤的钣金维修方法；
2. 了解汽车后备箱盖、框口下部的钣金维修方法；
3. 了解汽车后围护面的维修工艺及维修工时。

二、学习内容

1. 汽车后围护面轻微损伤的钣金维修方法；
2. 汽车后围护面较重损伤的钣金维修方法；
3. 汽车后围护面较重损伤维修工艺要求及维修工时。

三、资讯

汽车后围护面损伤与变形的主要因素一般来自于后车追尾，一般情况是将尾灯碰碎或将塑料保险杠刮坏，再严重的也只能将护面撞凹陷，后门口变形等。一般情况下不必拆卸护面等板件，在车体上便可直接修复，且修复过程不会太复杂，如图 4-17 所示。

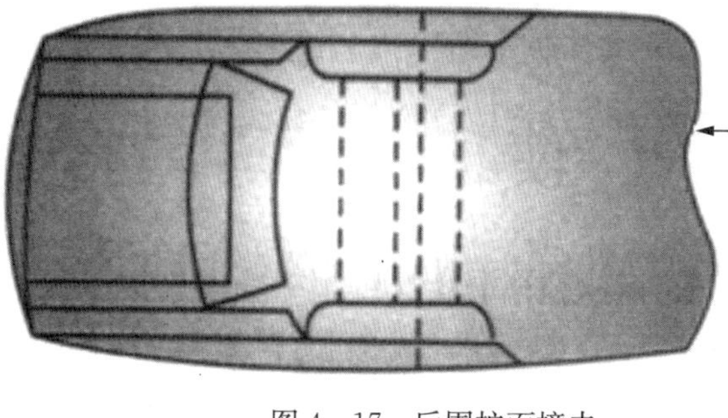

图 4-17　后围护面撞击

当然，较严重的后围碰撞，不仅会使后保险杠、后车门及门框口等部位发生较严重的损坏，也会殃及车身壁板、底板、车顶、车窗与门柱等处，导致不同程度的变形。

(一) 维修工艺

1. 若只是某一点被撞后凹坑，可在车体上直接修复

维修步骤如下：

(1) 拆卸掉后车尾部的附件，包括尾灯、牌照及其他电器部分。

(2) 借助氧气-乙炔火焰对凹坑处加热烘烤(因保险杠一般铁板较厚，不加绒很难修复)，趁热用撬具将大凹坑顶出。

注意：凹面中央部位加热到粉红色即可，千万不可加热过度。加热时，焊炬应做一些轻微的圆周摆动，以免烧穿某一点。

(3) 凹陷得到初步复位，接着用垫铁与锤子对尚未平整的凹凸变形做进一步修整。

(4) 用锤子渐渐敲平，达到原来形状。

2. 若保险杠被撞击比较严重，拆下保险杠修复

维修步骤如下：

(1) 拆卸下保险杠，放在工作台上。

(a) 第一次捶击

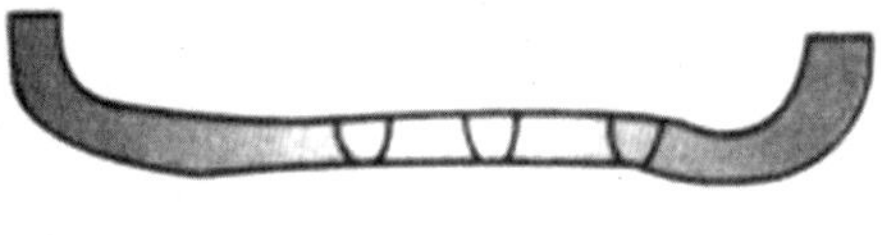
(b) 第一次起皱

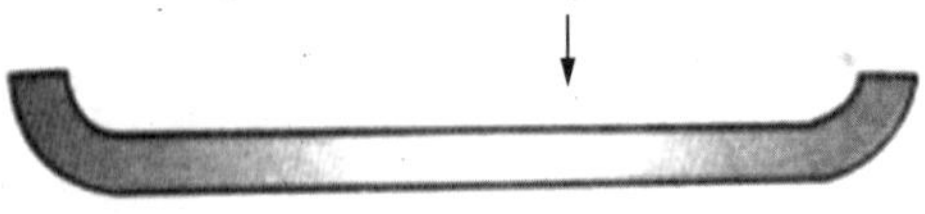
(c) 第二次捶击

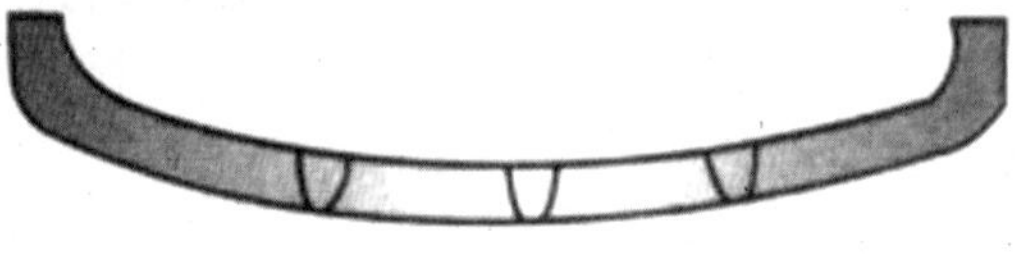
(d) 第二次起皱

图 4 - 18　保险杠的修复工序

(2) 将工件的凹坑处朝下，用锤子敲击向上的凸起处，如图 4 - 18(a)所示，使凸点基本消失了。

(3) 工件虽然凸包没有了，但还存在大曲率的弯曲，应继续敲击。

这时应以氧气-乙炔火焰对弯曲处分几段进行加热，边加热边锤击加热处。加热点的多少和间距根据实际情况(弯曲程度)而定。加热几处，边敲击几处，使工件出现与原始形状接近的弯曲形状。由于火焰加热与锤击作用，加热处的翻边会出现一个个褶皱，如图 4 - 18(b)所示。

(4) 采用前面提到的起皱收缩法工艺，对褶皱逐个收缩敲击，使其平整。

说明：敲平褶皱后，工件在伸展作用下，势必仍然存在一些向上拱曲的现象，但要比以前轻很多，如图 4 - 18(c)所示，然后再用火焰和锤子起皱。这次起皱后，工件的弯曲程度可能比原始状态大些，再敲平褶皱后，工件再次伸展，正好与原来形状吻合，如图 4 - 18(d)所示。

(5) 如若达不到要求，再重复 1～2 次，直至完全合乎要求。

3. 后备箱盖、框口下部的修复

1) 凹陷不严重的修复

说明：可采用“拉伸法”将其凹坑拉出，再借助撬具、修平刀、底座与锤子，必要时用氧气-乙炔火焰加热来配合修平。

2) 开裂情况的修复

说明：工件出现裂纹后，可采用氧气-乙炔焊或 CO_2 气体保护焊进行修复。

(二) 维修工时

后围护面维修工时主要包括后保险杠拆装、后保险杠喷漆、后备箱盖更换、后备箱盖喷漆等，如表 4 - 6 所示。

表 4 - 6　后围护面维修工时

维修项目	维修工时/个
后保险杠缸拆装	1.0
后保险杠喷漆	4.8
后备箱拆装	3.0
后备箱喷漆	7.0

四、小组讨论(学生计划页)

班级		小组	
任务		自命题目	
日期		指导教师	
成员			

要求：根据所学内容，对已提出问题进行讨论。并在课余时间，查找资料，小组自行命题(与课程相关)，总结讨论结果。

1. 请简述后围护面损伤的一般形成原因。

2. 请简述后保险杠的维修工艺要求。

3. 请简述后保险杠修复工序。

4. 关于(　　　　　　　　　　　　　　　　　　　　)的讨论：

五、评价(学生考核页)

班级		小组	
任务		自命题目	
成员			
日期			

一、小组代表陈述小组意见

二、教师对各小组意见进行点评

1. 请简述后围护面损伤的一般形成原因。

2. 请简述后保险杠的维修工艺要求。

3. 请简述后保险杠修复工序。

三、对小组自命题评价

1. 题目与维修工艺的契合度。

2. 自命题的意义。

任务6　汽车侧围护面的维修

一、学习目标

1. 了解汽车侧围护面的钣金修复方法；
2. 了解汽车门框外板的更换方法；
3. 了解汽车立柱的更换方法；
4. 了解汽车侧围护面的维修工艺及维修工时。

二、学习内容

1. 汽车门框外板的更换；
2. 汽车立柱的更换；
3. 汽车侧围护面的钣金修复。

三、资讯

(一) 维修工艺

1. 汽车侧围护面被撞击的修复

由于乘用车的侧围只包括门框和门槛，故一般尽可能的在车身上直接修复，无需切割下来。即使实在不能直接修复，若拆割下来的零部件没有实用价值，只能报废，也可重新制作或从其他报废车辆拆割下相同的配件装在本车上。

维修步骤如下：

(1) 把左侧围上前、后两个受损车门拆下，待修复后再重新安装。

(2) 将撑拉器一端挂于立柱上，另一端拴在其他建筑物体(如墙柱)上，如图 4 - 19 所示。

(3) 用撑拉器单一方向将左侧车门中柱拉回原来状态。

(4) 用手提式油缸从里面撑顶，同时拉拔前立柱，如图 4 - 20 所示，修复侧围前柱。

(5) 将顶角凹陷处初步敲起，然后用螺旋式撑位器置于门框右上角与左下角之间，旋转手柄。

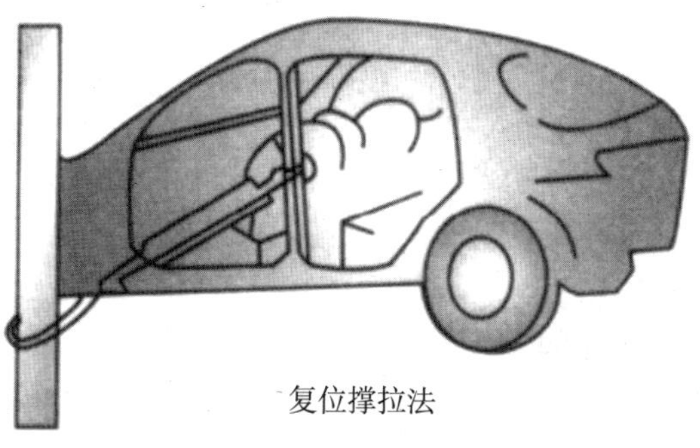

图 4 - 19　左侧围修复方法

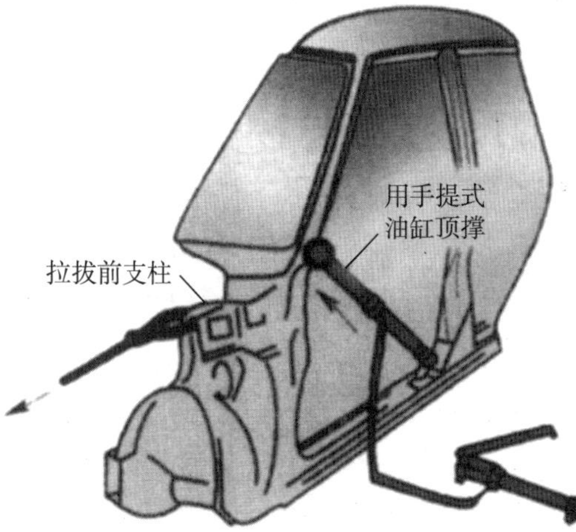

图 4 - 20　侧围前立柱的撑顶修复

随着手柄的旋转，撑拉器两端螺杆开始伸长，门框则在撑拉器撑顶作用下，逐渐恢复原状，如图 4－21 所示。

（6）用锤子、垫铁以及氧气-乙炔火焰等修复凹坑和凸起，最后整平。

2. 门框外板的更换

门框外板更换步骤如下：

（1）把损坏的部分切掉，以方便拆卸，如图 4－22 所示。

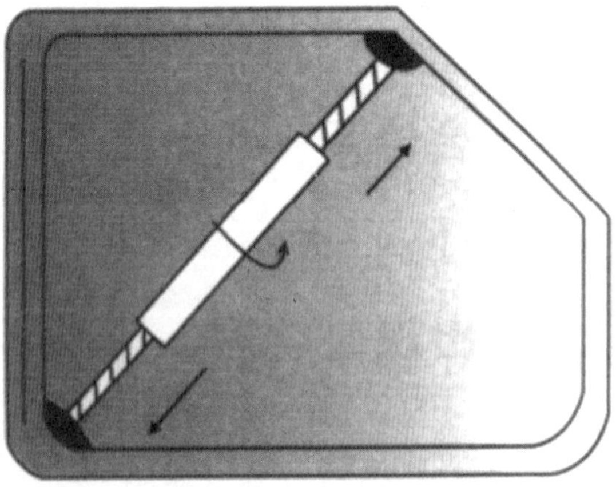

图 4－21 矫正车门框

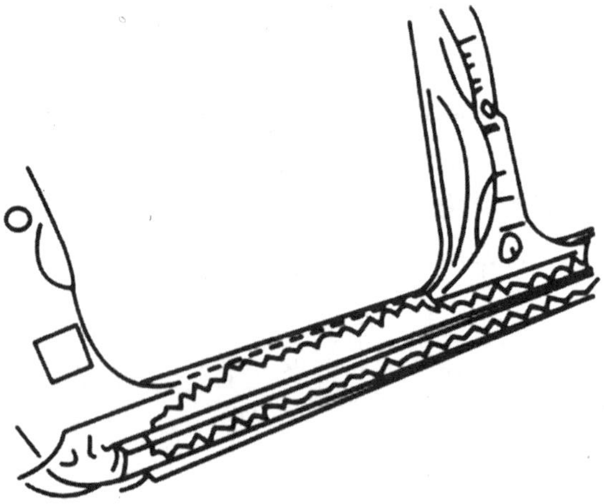

图 4－22 切掉损坏的部分

（2）用气动砂轮机打磨掉焊缝，如图 4－23 所示。

（3）用小型带式打磨器从内侧打磨焊接部位，如图 4－24 所示。

图 4－23 打磨焊缝

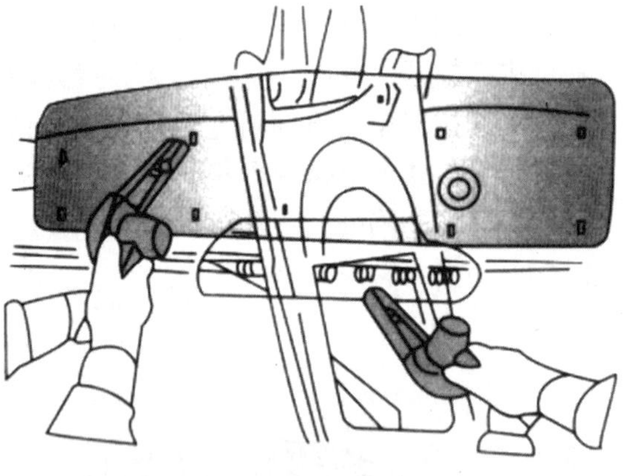

图 4－24 打磨内侧焊接部位

（4）用电钻逐点钻除焊点，这些孔在安装新件时将用作塞焊孔，至此即可拆下门槛外板，如图 4－25 所示。

（5）新门槛板安装前，先在塞焊孔处涂抹透焊防锈涂料。

（6）在后轮罩上与门槛外板的接合部位涂上密封剂，如图 4－26 所示。

（7）在门槛接合面上涂敷适当的环氧树脂焊缝黏贴剂。注意一定不要将黏贴剂直接涂到塞焊孔处。

（8）对好定位孔，将新板放置到位并加紧，如图 4－27 所示。

(9) 对图中 A—E 的部位进行钎焊，然后在孔内用 CO_2 气体保护焊进行塞焊，如图 4－28 所示。

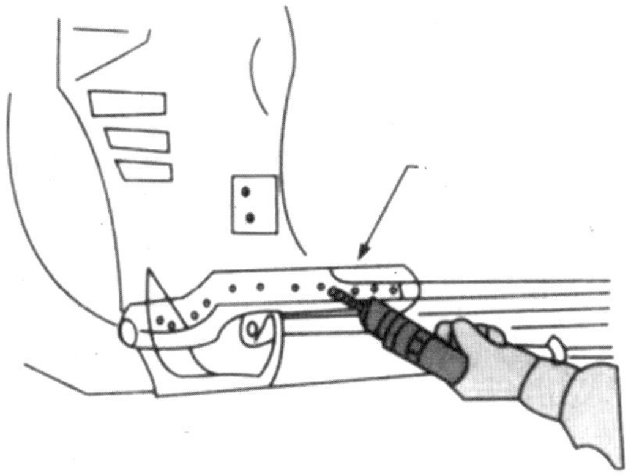

图 4－25　用电钻钻除焊点

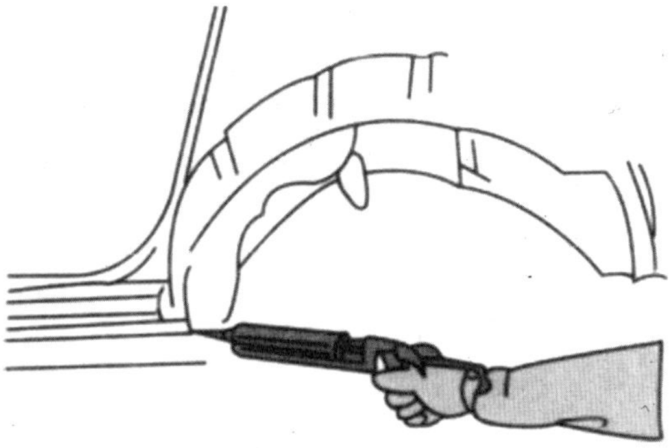

图 4－26　涂敷密封剂

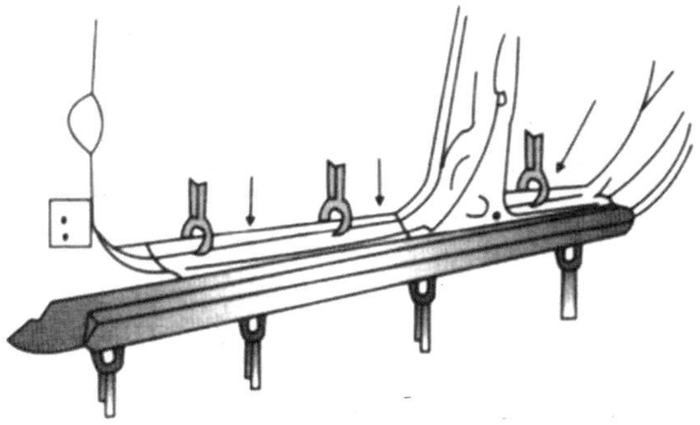

图 4－27　装夹新门板

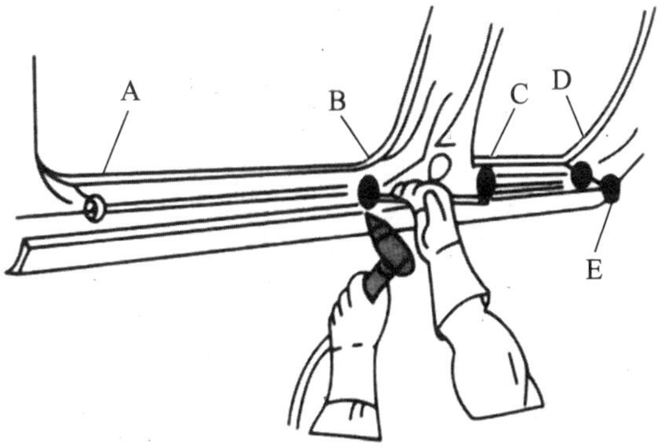

图 4－28　在定位孔内塞焊

(10) 用气动砂轮机磨平塞焊和钎焊焊迹，然后用打磨机打磨，再涂上接缝密封胶。

(11) 最后，按照正确的方法在新安装的门槛内表面涂防蚀剂，完成安装。

3. 支柱的更换

1) 前支柱的截断

步骤如下：

(1) 找到支柱上端的基准孔，并由此向下检测 100 mm，在该处内侧作记号。再由此标记向上检测 60 mm，在该处外侧作标记。两标记处即为截断线，如图 4－29 所示。

(2) 在两根截断线处仔细截断，为了锯切准确、方便，可采用锯切夹具。这种夹具可用边角料自制，如图 4－30 所示。

(3) 从支柱内侧仔细钻除支柱上两个切口之间和底部的焊点，卸下支柱。

2) 前支柱的安装过程

步骤如下：

(1) 安装前，把约 70 mm 长的支柱内的旧泡沫充填材料清除干净，以便充填新泡沫材料，让排水软管在排水管插入时能够膨胀，如图 4－31 所示。

(2) 把支柱上端截至与所需尺寸相配的对接口。

(3) 在支柱底座上钻出塞焊孔，塞焊将用 CO_2 气体保护焊进行。

(4) 在排水软管上涂抹上肥皂水，使连接管容易插入，然后将新支柱安装就位。注意应保证把排水管正确的插入支柱的排水孔，如图 4－32 所示。

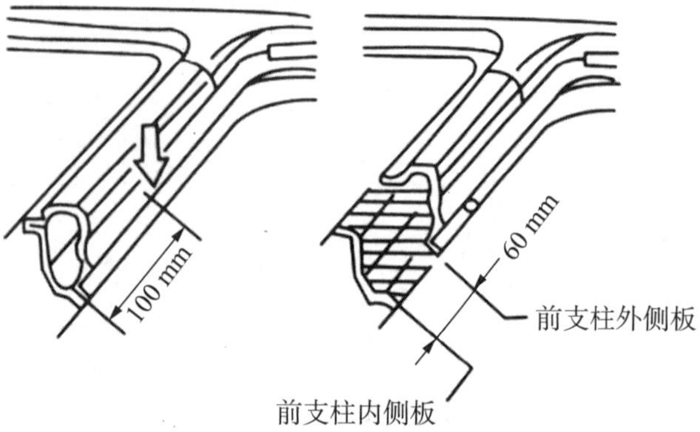

图 4－29　在前支柱截断位置作标记

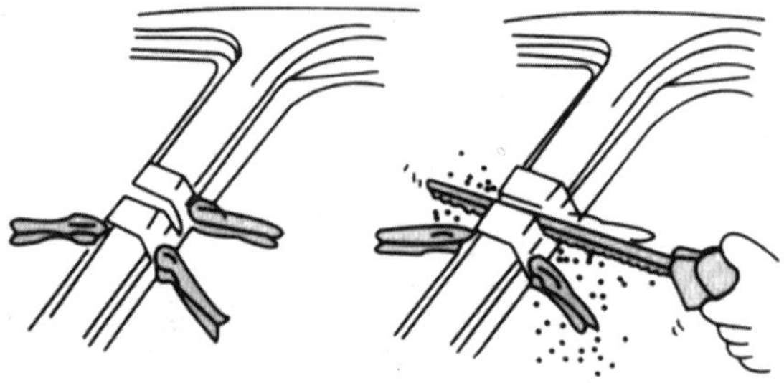

图 4－30　利用夹具可使前支柱上切口整齐而准确

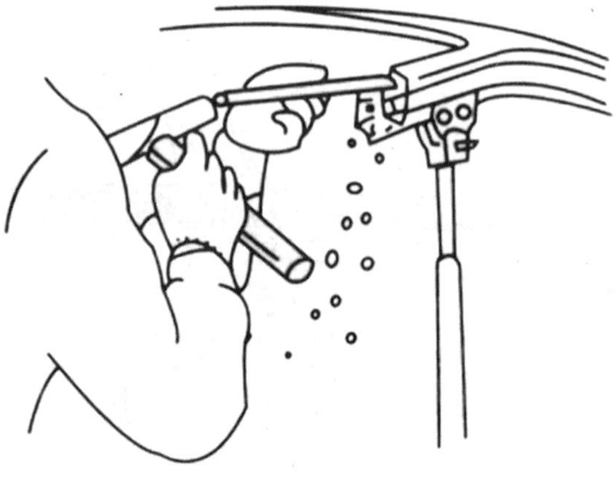

图 4－31　清除前支柱内的旧泡沫

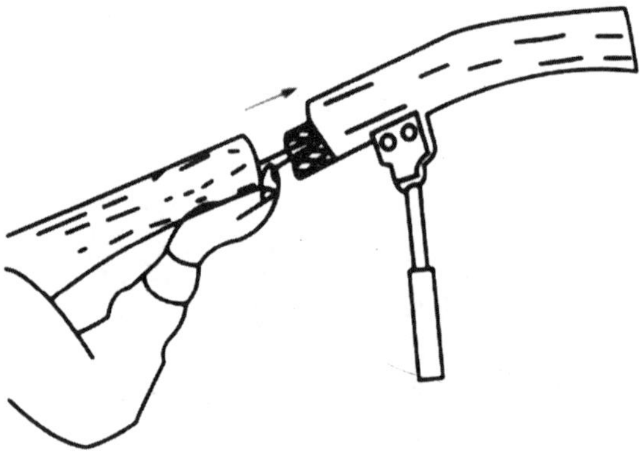

图 4－32　安装有排水管的支柱

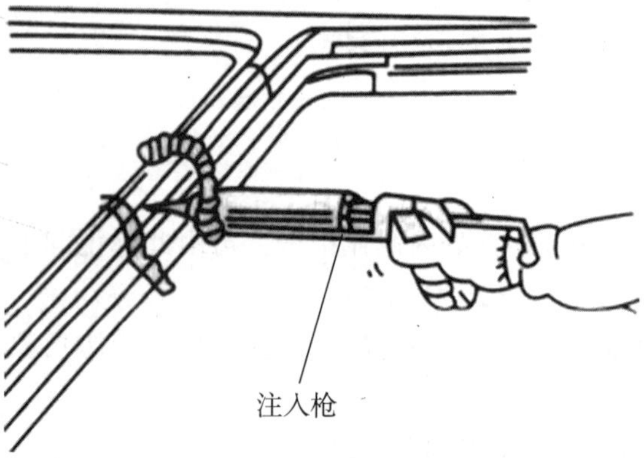

图 4－33　注入泡沫材料

(5) 将支柱夹紧固定，检测其定位配合情况。

(6) 取下支柱，仅在塞焊接合面涂上透焊防锈剂。

(7) 在其余配合表面涂焊缝黏贴剂。

(8) 按制造商的说明进行塞焊和缝焊，修整焊缝。

(9) 由支柱内侧上部的注入孔注入泡沫材料，如图 4－33 所示。

(10) 清除连接部位多余的泡沫材料。

(11) 焊缝部位涂双组分环氧树脂保护漆和颜色涂料。

(12) 在未填充泡沫材料的内表面涂防锈剂。

(13) 装上车门和前翼子板，检查定位质量。

(四) 维修工时

侧围护面维修工时主要包括中柱及加强件更换、中柱及加强件喷漆、外侧梁修理及车门外槛板油漆等，如表 4－7 所示。

表 4－7　侧围护面维修工时

维修项目	维修工时/个
中柱及加强件更换	13.0
中柱及加强件喷漆	1.0
外侧梁修理	48.0
车门外槛板喷漆	8.0

四、小组讨论(学生计划页)

班级		小组	
任务		自命题目	
日期		指导教师	
成员			

要求：根据所学内容，对已提出问题进行讨论。并在课余时间，查找资料，小组自行命题(与课程相关)，总结讨论结果。

1. 请简述汽车侧围护面钣金修复方法。

2. 请简述门框外板更换的工艺要求。

3. 请简述门框外板焊接的工艺要求。

4. 请简述支柱更换的工序及工艺要求。

5. 关于(　　　　　　　　　　　　　　　　)的讨论：

五、评价(学生考核页)

班级		小组	
任务		自命题目	
成员			
日期			

一、小组代表陈述小组意见

二、教师对各小组意见进行点评

1. 请简述汽车侧围护面钣金修复方法。

2. 请简述门框外板更换的工艺要求。

3. 请简述门框外板焊接的工艺要求。

4. 请简述支柱更换的工序及工艺要求。

三、对小组自命题评价

1. 题目与维修工艺的契合度。

2. 自命题的意义。

学习情境 5　常见底盘件的维修

【学习目标】

1. 了解定损应掌握的原则；
2. 了解底盘件的修换原则；
3. 熟记事故车底盘件维修工时费标准；
4. 掌握底盘件维修工艺。

【情境导入】

在一起严重的事故中，车辆的底盘部件大面积受损，事故查勘员小李需要根据该车的维修项目和维修工时，对该车的维修费用进行估算。小李该如何根据他所掌握的钣金件的维修工艺和工时，给出合理的保险理赔报价？

任务1　车轮组件的维修

一、学习目标

1. 了解车轮的拆卸方法；
2. 了解轮胎的拆卸方法；
3. 了解车轮组件的维修工艺及维修工时。

二、学习内容

1. 拆装车轮；
2. 拆装轮胎；
3. 检修车轮；
4. 车轮组件的维修工艺；
5. 拆检车轮组件的维修工时。

三、资讯

(一) 拆装步骤

1. 车轮拆装步骤

对角拧松车轮固定螺栓→举升车辆→拆下固定螺栓→取下车轮→安装按照相反顺序。车轮拆装，如图5-1所示。

2. 轮胎拆装步骤

轮胎放气取出气门芯→开启胎唇→使用轮胎拆装机拆卸轮胎→更换新轮胎→润滑油脂均匀涂于轮胎唇内→使用轮胎拆装机安装轮胎→安装气门芯→充气→检查是否漏气。轮胎拆装，如图5-2所示。

(二) 维修工艺

根据车轮受损程度不同，应采用不同的维修方法，轮胎受损以更换为主，轮辋轻度损伤的可以对其修复。

车轮是车辆行驶安全的重要组成部件，因此对于车轮及车轮组件的检查与维修十分重要。维修人员应掌握如何判断事故车辆的车轮是需要更换还是可以修复。如图5-3和图5-4所示的轮胎和轮辋已经严重受损，必须全部更换新件。如图5-5和图5-6所示的轮胎轻微鼓包、划伤，不能作为常用胎使用，建议用户更换新轮胎或者作为备胎使用。如图5-7所示的轮辋外观有刮擦，但不影响安全，通常不需要更换，可以做后续修复(4S店通常不做修复)。如图5-8所示的车轮整体看似完好，实际轮辋已经变形，存在安全隐患应进行更换。

图 5-1　车轮拆装

图 5-2　轮胎拆装

图 5-3　车轮严重受损

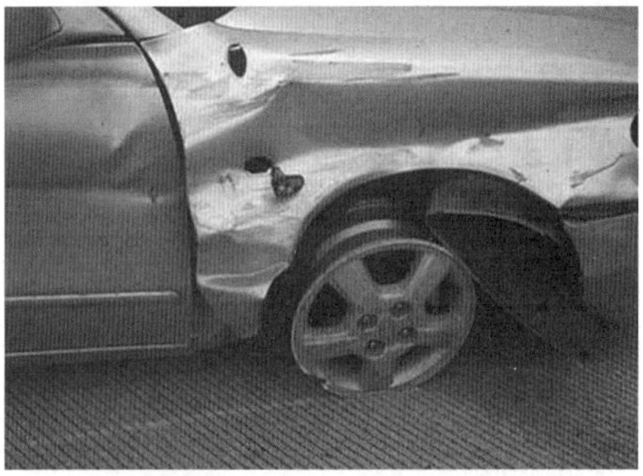

图 5-4　车轮严重受损

图 5-5　轮胎鼓包

图 5-6　胎侧划伤

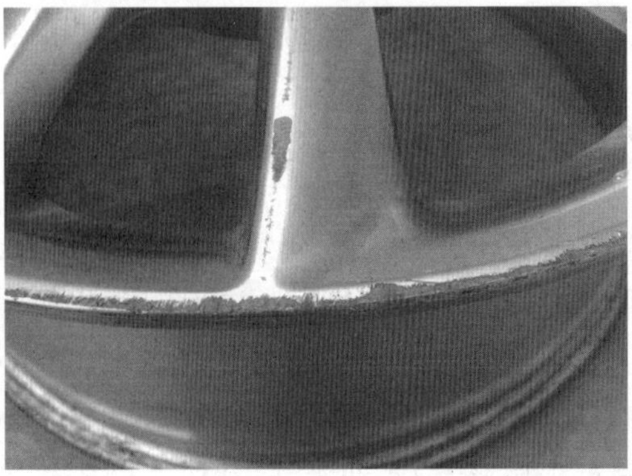

图 5-7　轮辋轻微刮擦

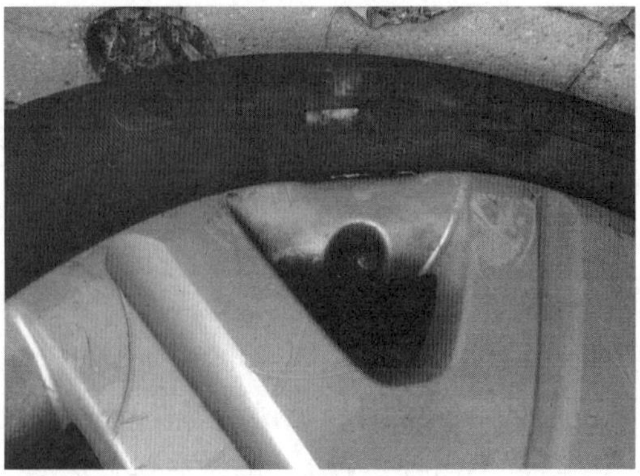

图 5-8　轮辋轻微变形

(三) 维修工时

维修工时的执行标准根据不同地区、不同厂商、不同车型、有所不同，还跟工时单价有关，一般工时单价较低，维修工时数就较多；工时单价较高，维修工时数就较少。本书介绍的维修工时数以较高的工时单价为基准，所以工时数偏低，因为不同车型的工时单价及工时数都不同，在此仅作参考。

工时费的计算有一个比较简单的公式，即

$$工时费用=工时单价\times工时数$$

各个厂家对于工时单价都有明确的规定；而工时数量多少取决于所做的项目，工时数量内容包括：维修准备时间(包括业务接洽、生产计划、调度，生产场地、工具、配件准备等工作时间)，车辆故障诊断时间(含维修前检测、诊断时间)，实际施工时间，试验、调试时间，场地清理时间，以及施工的难易程度。

车轮组件维修工时包括车轮的拆装、轮胎的拆装及检测等，如表5-1所示。

表5-1　车轮组件维修工时

维修项目	维修工时/个
车轮拆装	20.0
检查轮辋	20.0
更换轮辋/轮胎	30.0
车轮的前后检测	90.0

四、小组讨论(学生计划页)

<table>
<tr><td rowspan="4"></td><td>班级</td><td></td><td>小组</td><td></td></tr>
<tr><td>任务</td><td></td><td>自命题目</td><td></td></tr>
<tr><td>日期</td><td></td><td>指导教师</td><td></td></tr>
<tr><td>成员</td><td colspan="3"></td></tr>
<tr><td colspan="5">要求：根据所学内容，对已提出问题进行讨论。并在课余时间，查找资料，小组自行命题(与课程相关)，总结讨论结果。
1. 请简述车轮的拆卸步骤。</td></tr>
</table>

2. 请简述轮胎的拆装步骤。

3. 分组讨论车轮轮辋外观轻微刮擦可以采用什么方法修复?

4. 查找资料分析轮辋变形和轮胎胎侧刮伤存在什么安全隐患?

5. 你作为一名专业人员如何说服客户更换轻微受损的轮胎?(建议 A/B 学生进行角色扮演)

6. 关于(   )的讨论:

五、评价(学生考核页)

班级		小组	
任务		自命题目	
成员			
日期			

一、小组代表陈述小组意见

二、教师对各小组意见进行点评

1. 补过的轮胎是否存在安全隐患？你如何看待补胎业务的现状？

2. 分析4S店为什么不开展轮辋外观的修复业务？

3. 请你指导客户更换备胎。

三、对小组自命题评价

1. 题目与维修工艺的契合度。

2. 自命题的意义。

任务 2 左前制动器组件的维修

一、学习目标

1. 了解盘式制动器的拆装方法；
2. 了解制动器的检查方法；
3. 了解盘式制动组件的维修工艺及维修工时。

二、学习内容

1. 拆装盘式制动器；
2. 检查盘式制动器；
3. 盘式制动器的维修工艺；
4. 制动组件的维修工时。

三、资讯

(一) 拆装步骤

1. 左前制动器拆装步骤

不同车型的盘式制动器拆装步骤大致相同，拆下车轮→拧开制动储液罐盖子→使用工具扩大制动钳与制动盘的间隙→拧松制动卡销并取下→拆下制动片→拆下制动软管→取下卡钳带制动分泵总成→安装时使用工具将制动分泵活塞压到极限位置→装配按照反顺序进行→对系统进行排气。车轮制动器如图 5-9 所示。

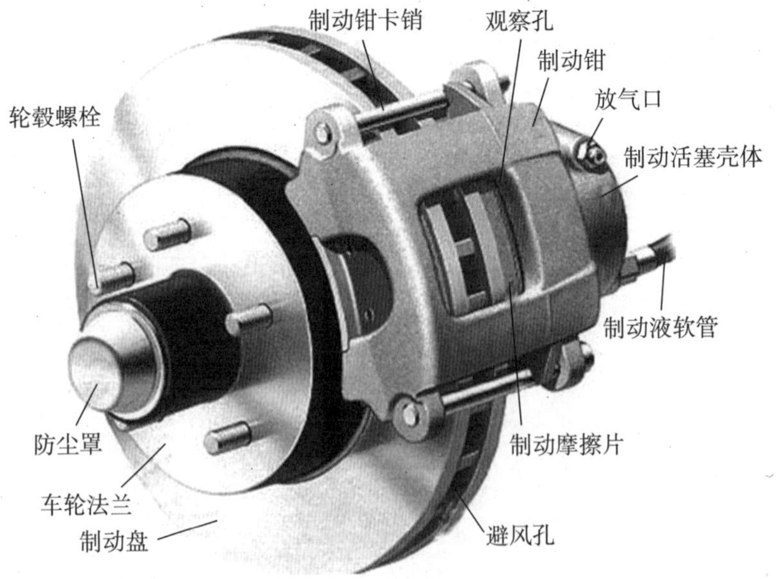

图 5-9 车轮制动器

2. 制动盘的拆装步骤

拆下制动器总成→拆卸制动支架→查看是否带制动盘固定螺栓(拆卸)→使用橡胶锤敲松制动

盘→拆下制动盘→装配按照反顺序进行。制动器拆装分解,如图 5-10 所示。

(二) 维修工艺

车轮制动器是车辆主动安全系统的重要组成部分,因此制动器好坏直接涉及驾驶人和乘员的安全。维修人员应掌握如何判断车辆的车轮制动器组件是完好还是损坏。

制动片属于易损易耗件,制动片厚度在2 mm左右,制动片磨损和剥落更快。因此在此时或之前检查并更换制动器上的制动片,一般车辆在正常行驶的情况下,前制动器的制动片寿命为 3 万~5 万 km,后制动器制动片的使用寿命为 12 万~15 万 km。制动片,如图 5-11 所示。

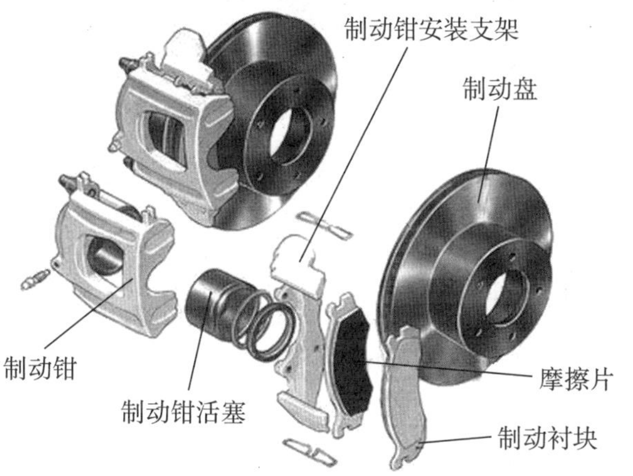

图 5-10 盘式制动器分解图

图 5-11 制动片

制动器其他组件也会因为使用的时间、环境、习惯等导致自然损坏。事故车辆的制动器根据受损程度不同,采用不同的维修方法,制动器的组件受损都是以更换为主。制动器软管(图 5-12)容易腐蚀老化,导致制动管路漏油,事故中容易导致断裂,维修只能更换新配件。检查制动钳卡销(图 5-13)滑套移动是否灵活,是否变形或损坏,维修通常都是建议更换新配件。制动钳安装支架(图 5-14)变形损坏应直接更换。检查制动钳钳体是否变形、有裂纹,轮缸是否磨损严重,如有不良,应更换新件(图 5-15);检查活塞是否严重磨损或有锈蚀,如有缺陷,应予以更换;检查制动钳各防尘罩是否有破损、裂纹、老化变形等损伤,如有缺陷,应予以更换。

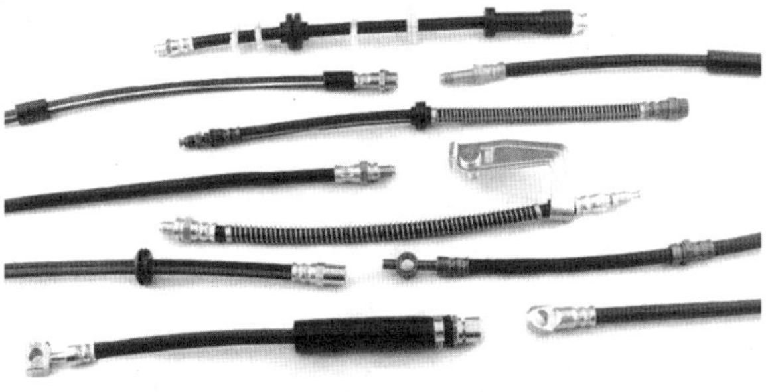
图 5-12 制动器软管

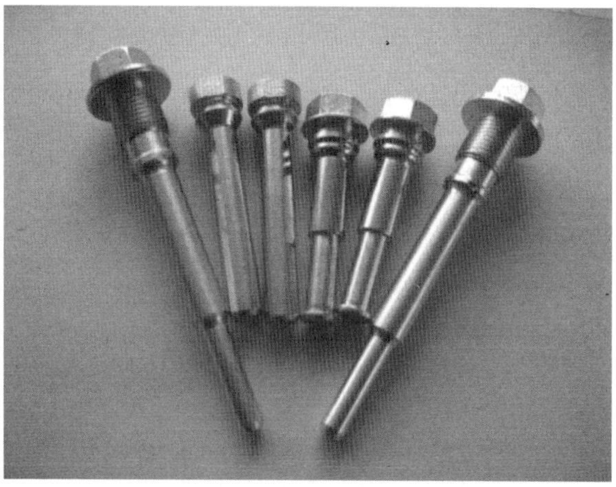
图 5-13 制动钳卡销

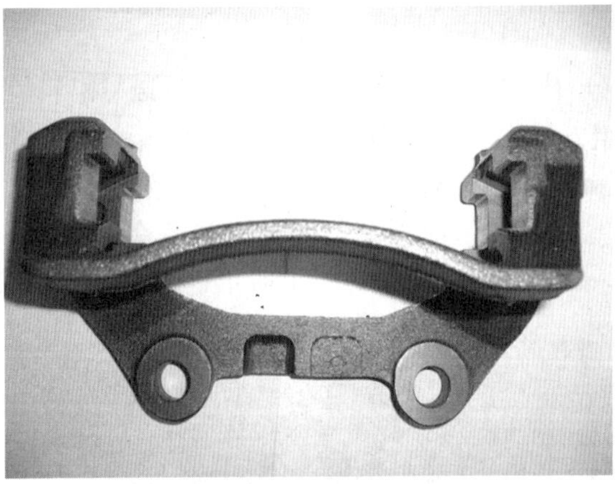
图 5-14 制动钳安装支架

图 5-15 制动器分泵总成

制动盘更换没有一定的时间周期。检查制动盘表面受磨部位是否有划痕，如图 5-16 所示。当有轻微划痕时，属正常情况，可继续使用；如制动盘有深划痕或整个表面都有划痕时，应更换制动盘。如制动盘仅一侧有划痕，应用铣刀抛光并修正该侧。检查制动盘的厚度制动盘厚度标准值为 10 mm，极限值为 8.5 mm，以确定制动盘的磨损情况。用千分表检测制动盘的端面圆跳动，以确定制动盘平面度。极限值为 0.15 mm。超过极限值时，应更换制动盘。

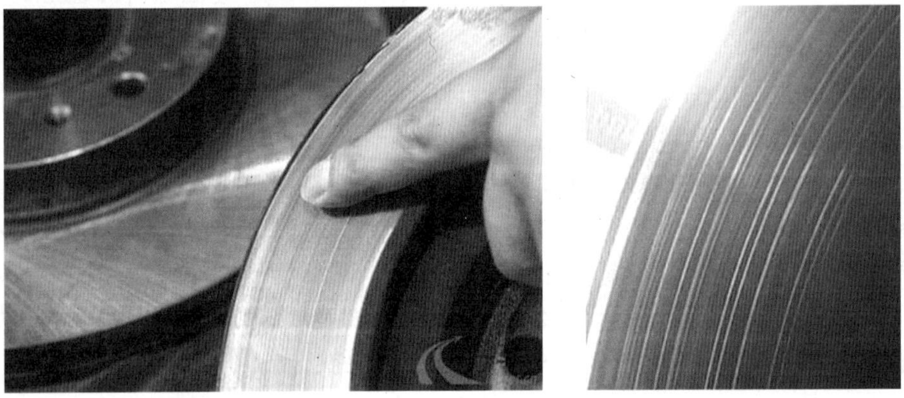
图 5-16 制动盘划痕

(三) 维修工时

维修工时的执行标准根据不同地区、不同厂商、不同车型、有所不同，还跟工时单价有关，一般工时单价较低，维修工时数就较多，工时单价较高，维修工时数就较少。本书介绍的维修工时数以较高的工时单价为基准，所以工时数偏低，因为不同车型的工时单价及工时数都不同，在此仅作参考。

工时费的计算有一个比较简单的公式，即

工时费用＝工时单价×工时数

各个厂家对于工时单价都有明确的规定；而工时数量多少取决于所做的项目，工时数量内容包括：维修准备时间(包括业务接洽，生产计划、调度，生产场地、工具、配件准备等工作时间)；车辆故障诊断时间(含维修前检测、诊断时间)；实际施工时间；试验、调试时间；场地清理时间，以及施工的难易程度。

左前车轮制动器的维修工时包括车轮的拆装、制动器的拆装、制动盘的拆装及检修检测等，如表5－2所示。

表5－2　制动器拆装维修工时

维修项目	维修工时/个
车轮拆装	20.0
制动器拆装	40.0
制动盘的拆装	30.0
检查制动效果	30.0

四、小组讨论(学生计划页)

<table>
<tr><td rowspan="4"></td><td>班级</td><td></td><td>小组</td><td></td></tr>
<tr><td>任务</td><td></td><td>自命题目</td><td></td></tr>
<tr><td>日期</td><td></td><td>指导教师</td><td></td></tr>
<tr><td>成员</td><td colspan="3"></td></tr>
<tr><td colspan="5">要求：根据所学内容，对已提出问题进行讨论。并在课余时间，查找资料，小组自行命题(与课程相关)，总结讨论结果。
1. 请写出下图中盘式制动器各位置所指的部件名称。
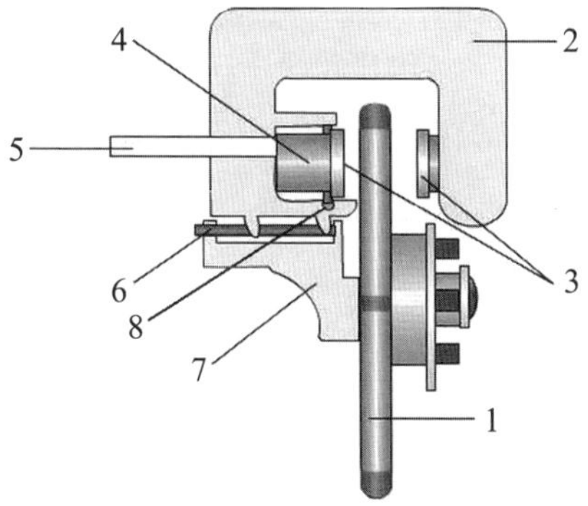
</td></tr>
</table>

2. 请分组讨论车轮制动器的损坏会有什么危害？

3. 分组讨论车辆遇哪些角度的撞击会导致制动器及组件的损坏？

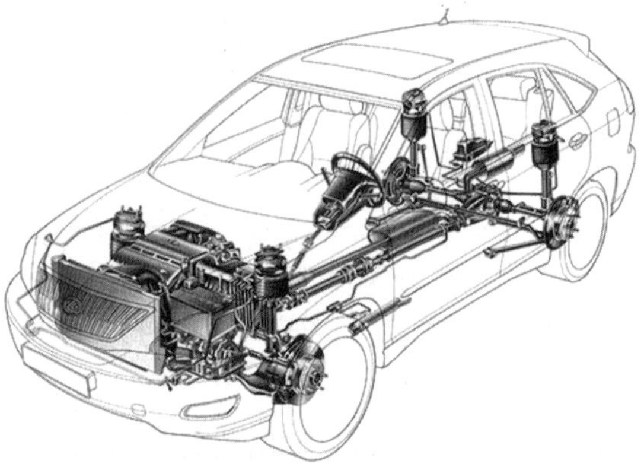

4. 关于(　　　　　　　　　　　　　　　　　　　　　　)的讨论：

五、评价(学生考核页)

班级		小组	
任务		自命题目	
成员			
日期			

一、小组代表陈述小组意见

二、教师对各小组意见进行点评

1. 简述制动片的更换周期及磨损极限。

2. 分析制动器在事故中受损,维修时制动液是否需要更换?

3. 请你解释一下维修制动器费用,由哪些部分组成?

三、对小组自命题评价

1. 题目与维修工艺的契合度。

2. 自命题的意义。

任务3　左前悬架组件的维修

一、学习目标

1. 了解底盘减振器的拆装方法；
2. 了解底盘摆臂的拆装方法；
3. 了解底盘转向节的拆装方法；
4. 了解左前悬架组件的维修工艺及维修工时。

二、学习内容

1. 拆装左前减振器；
2. 拆装左前下摆臂；
3. 拆装转向节；
4. 左前悬架组件的维修工时。

三、资讯

(一)拆装步骤

1. 左前减振器拆装步骤

举升车辆 →拆卸左前车轮→拆下减振器上端安装螺母和套环→拆下减振器下端固定螺栓→拆卸左前减振器总成→用拉具压住弹簧座圈，压缩压紧弹簧→松开开槽螺母，放松弹簧→取出减振器阻尼→安装步骤按照相反顺序。左前减振器，如图5-17所示。

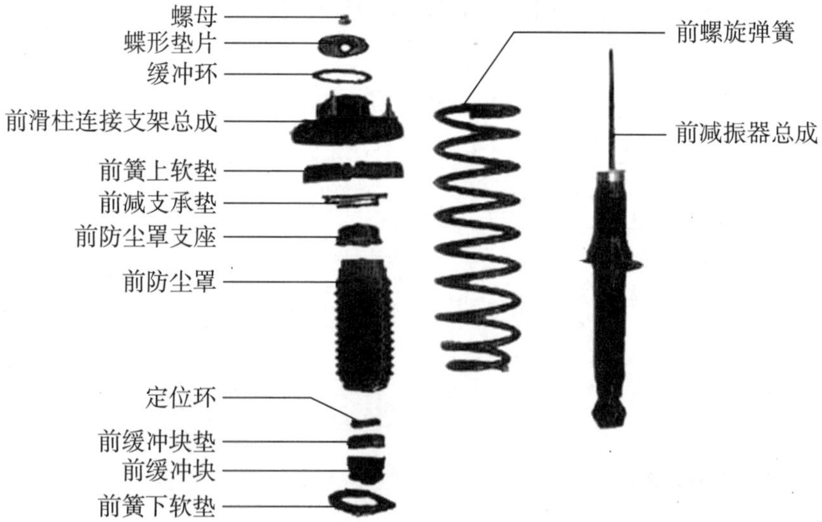

图5-17　减振器

2. 左前下摆臂拆装步骤

拆卸车轮 →举升车辆 →拆卸稳定杆→使用专用工具拆卸平衡杆固定螺栓→使用橡胶锤、撬棒等拆卸下摆臂→安装步骤按照相反顺序。下摆臂位置，如图5-18所示。

图 5－18 下摆臂

3. 左前转向节拆装步骤

拆卸车轮→拆卸轮毂固定螺母→拆卸左前制动组件→拆卸减振器与转向节的固定螺栓→拆卸平衡杆→拆卸下摆臂→拆下转向节→压出车辆轴承→安装步骤按照相反顺序。转向节位置，如图 5－19 所示。

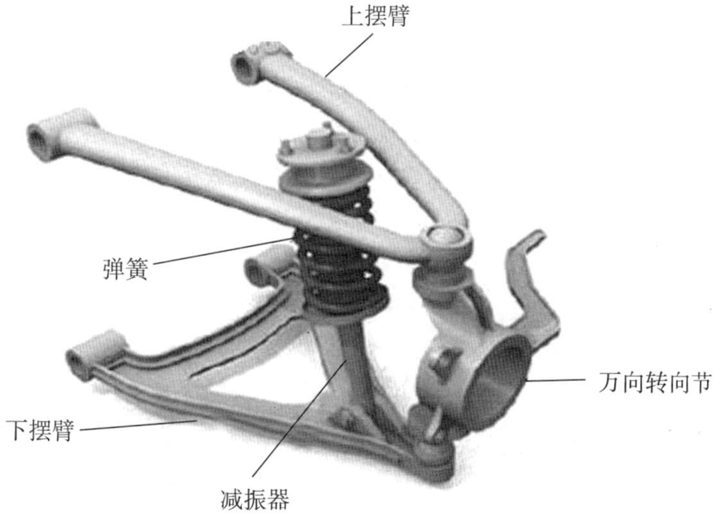

图 5－19 左前悬架示意图

(二) 维修工艺

1. 减振器的维修工艺

减振器是汽车使用过程中的易损配件，减振器工作好坏，将直接影响汽车行驶的平稳性和其他机件的寿命，因此我们应使减振器经常处于良好的工作状态。减振器内部损坏通常都是更换总成。

在确定减振器有问题或失效后，应先查看减振器是否漏油或有陈旧性漏油的痕迹，如图 5－20 所示。油封垫圈、密封垫圈破裂损坏，贮油缸盖螺母松动时，拉出减振器，若感到有发卡或轻重不一时，再进一步检查活塞与缸筒间的间隙是否过大，减振器活塞连杆有无弯曲，活塞连杆表面和缸筒是否有划伤或拉痕，如有应更换新的减振器阻尼。

如果减振器没有漏油的现象，则应检查减振器连接销、连接杆、连接孔、橡胶、衬套等是否有损坏、脱焊、破裂或脱落之处，事故车辆因为撞击剧烈通常会导致减振器变形，如图 5－21 所示。橡胶、衬套、弹簧有单独零配件提供，一般可以单独更换。

图 5－20　减振器漏油

图 5－21　减振器变形

另外，减振器在实际使用中会出现发出响声的故障，这主要是由于减振器与弹簧、车架或轴相碰撞，胶垫损坏或脱落以及减振器防尘筒变形，油液不足等原因引起的。对减振器进行检查修复后，应在专门试验台上进行工作性能试验，当阻力频率在(100±1)mm 时，其伸张行程和压缩行程的阻力应符合规定，表明减振器基本正常。有该种故障只能更换减振器总成件。

2. 下摆臂的维修工艺

下摆臂的球头和衬套一般使用寿命为 4 万～6 万 km 左右，在严重的车辆事故中，下摆臂球头容易导致断裂或者变形，如图 5－22 所示。它将直接影响车的舒适性和安全性。根据车型不同，有些车型有单独配件提供，有些车型必须更换总成。下摆臂的球头、衬套，如图 5－23 所示。

图 5－22　下摆臂球头断裂

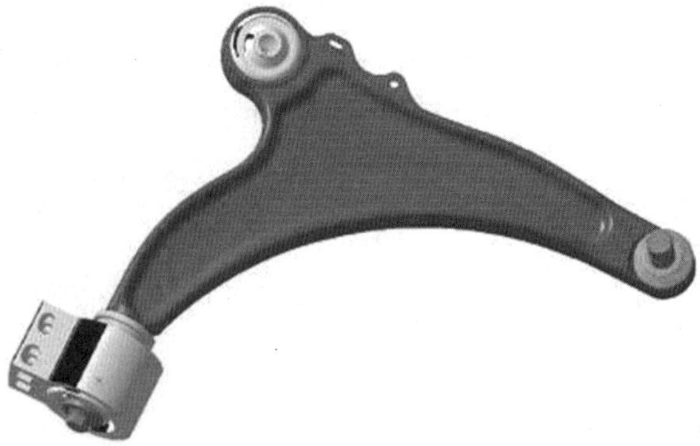

图 5－23　下摆臂总成

车辆发生左前事故时，严重的会导致下摆臂变形甚至断裂，如图 5－24 和图 5－25 所示。遇到这种情况，摆臂很难通过修复达到厂家车辆参数要求，通常只能更换总成。

3. 转向节的维修工艺

转向节损坏容易导致行驶时车轮摆动、转向沉重或异响、车轮轮胎非正常磨损(吃胎)等现象。根据厂家要求转向节和车辆轴承等部件受损不能维修只能更换总成，如图 5－26 和图 5－27 所示。

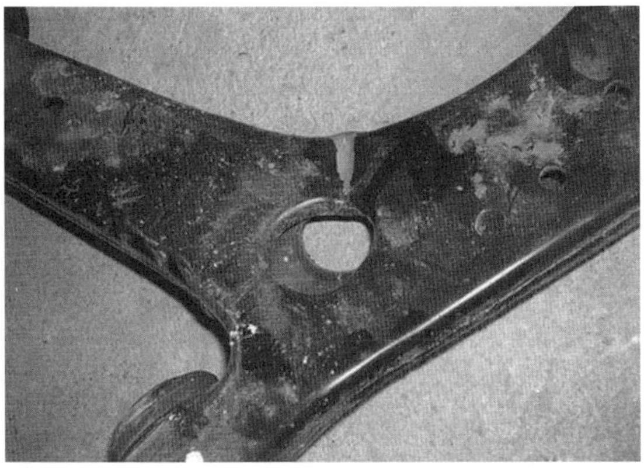

图 5-24 下摆臂变形

图 5-25 下摆臂断裂

图 5-26 转向节

图 5-27 车轮轴承

(三) 维修工时

左前悬架组件的维修工时包括车轮的拆装、制动器组件的拆装、减振器的拆装、下摆臂的拆装、转向节的拆装、车轮轴承的拆装等,如表 5-3 所示。

表 5-3 左前悬架组件维修工时

维修项目	维修工时/个
车轮拆装	20.0
制动器组件拆装	70.0
减振器总成的拆装	70.0
更换减振器阻尼	20.0
下摆臂的拆装	110.0
转向节的拆装	130.0
轴承的拆装	40.0

四、小组讨论(学生计划页)

<table>
<tr><td rowspan="4"></td><td>班级</td><td></td><td>小组</td><td></td></tr>
<tr><td>任务</td><td></td><td>自命题目</td><td></td></tr>
<tr><td>日期</td><td></td><td>指导教师</td><td></td></tr>
<tr><td>成员</td><td colspan="3"></td></tr>
<tr><td colspan="5">要求：根据所学内容，对已提出问题进行讨论。并在课余时间，查找资料，小组自行命题(与课程相关)，总结讨论结果。
1. 请简述减振器的拆卸分解步骤。

2. 根据对悬架组件维修学习，如何区分组件是自然损坏还是由于事故造成的?

3. 为什么悬架的组件一般都不做修复，而是直接更换?

4. 轻微受损的悬架组件通常无法用眼睛观察到，可以采取什么方法?

5. 关于(　　　　　　　　　　　　　　　　　　　　)的讨论：</td></tr>
</table>

五、评价(学生考核页)

班级		小组	
任务		自命题目	
成员			
日期			

一、小组代表陈述小组意见

二、教师对各小组意见进行点评

1. 悬架有哪些主要部件组成?

2. 根据下面的图片分析是因为什么原因导致减振器损坏?

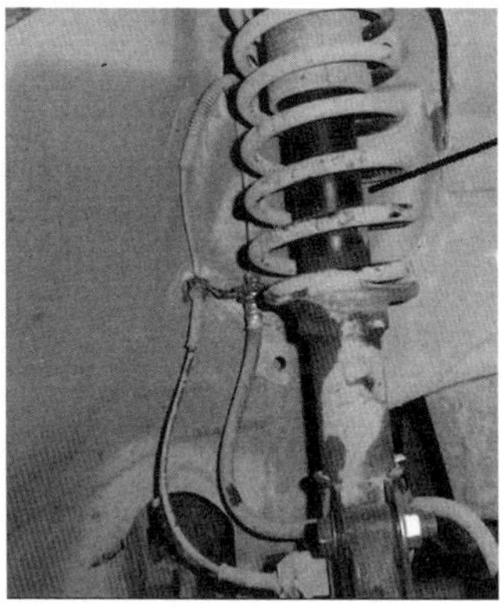

3. 悬架组件维修时,对于重复操作的步骤你觉得应该如何计算工时?

三、对小组自命题评价

1. 题目与维修工艺的契合度。

2. 自命题的意义。

任务4　转向系统组件的维修

一、学习目标

1. 了解汽车转向操纵机构组件的拆装方法；
2. 了解汽车转向机总成的拆装方法；
3. 了解汽车转向助力机构的拆装方法；
4. 了解汽车转向系统的维修工艺及维修工时。

二、学习内容

1. 拆装汽车转向操纵机构；
2. 拆装汽车转向机总成；
3. 拆装汽车转向助力机构；
4. 转向汽车系统的维修工艺及维修工时。

三、资讯

(一) 拆装步骤

1. 转向操纵机构拆装步骤

拆卸转向盘→拆卸组合开关→拆卸装饰护板→拆卸上下联轴→拆卸转向管柱固定螺栓→取下转向管柱总成→按照相反顺序安装。转向操纵机构，如图5-28所示。

2. 转向机总成拆装步骤

由于车型不同，转向机总成的拆装步骤也有很大不同，主要区别在于是否需要拆装元宝梁。但是转向机的固定螺栓通常只有2～3个，拆装步骤大致为：拆装左右车轮→拆卸转向横拉杆→拆卸转向机与转向操作机构联轴→拆卸转向机上的进出油管→拆卸转向机固定螺栓→取出转向机(必要时拆卸元宝梁)。转向系统，如图5-29所示。

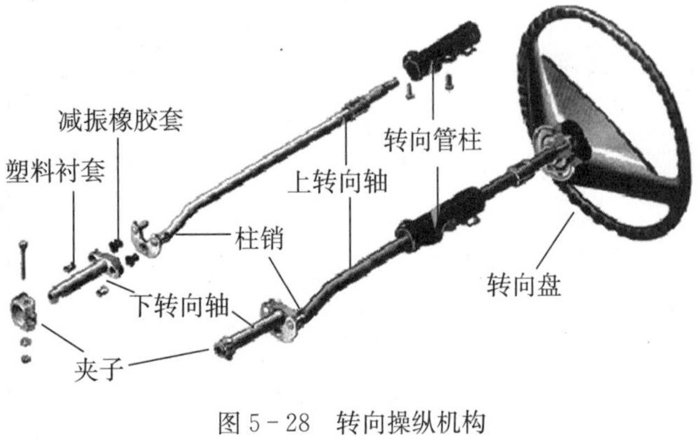

图5-28　转向操纵机构

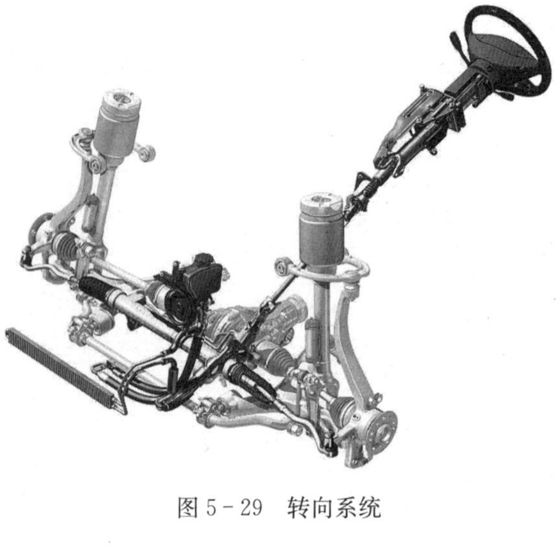

图5-29　转向系统

3. 转向助力机构拆装步骤

拆卸助力油管放油→拆卸转向油泵驱动皮带→拆卸油泵进出油管→拆卸油泵→拆卸转向油罐→拆卸各连接油管→安装顺序可以根据操作习惯→加注助力油液→系统排空气。转向助力机构,如图 5-30 所示。

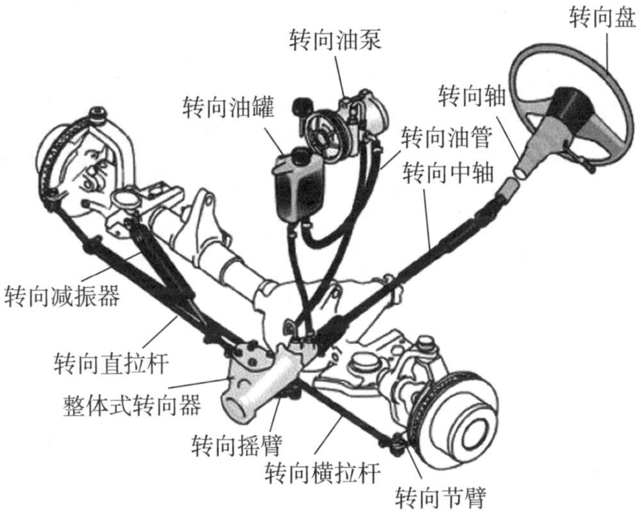

图 5-30 转向助力机构

(二) 维修工艺

1. 转向操纵机构的维修工艺

转向操纵机构引起的故障多为转向异响、转向发卡等,可以通过拆检、润滑、更换受损的部件修复。目前,转向操纵机构都带有安全装置,转向轴和转向管柱在受到冲击后,轴向收缩并吸收冲击能量,从而有效缓和转向盘对驾驶人的冲击,减轻驾驶人所受到伤害的程度。因此,事故导致转向操纵机构受损的,通常需要更换转向管柱总成。转向操纵机构安全装置,如图 5-31 所示。

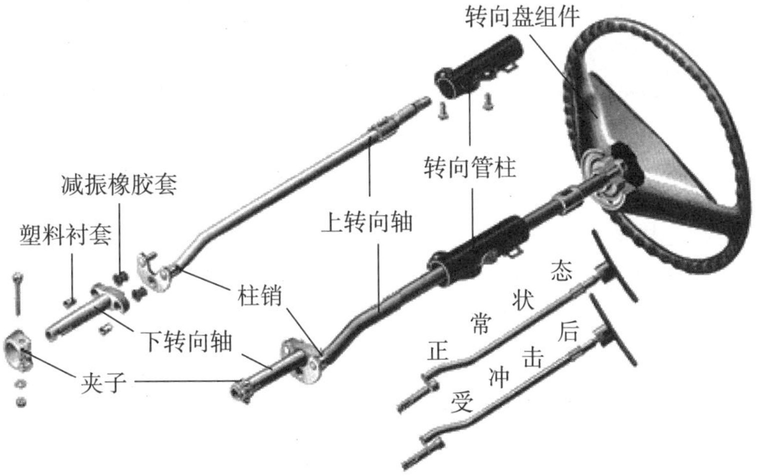

图 5-31 转向操纵机构安全装置

2. 转向机的维修工艺

转向机较为常见的故障为转向异响、转向沉重、转向机漏油、防尘套破损、横拉杆球头松动破损等,应根据故障现象及故障点更换相应的配件。转向机内部受损或者漏油,出于驾驶安全考虑,目前采用的维修方法主要以更换总成件为主。转向横拉杆断裂，如图 5 - 32 所示，转向机漏油，如图 5 - 33所示。

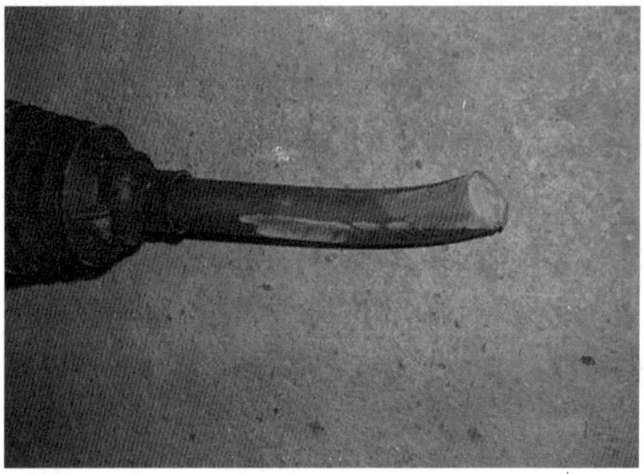

图 5 - 32 转向横拉杆断裂

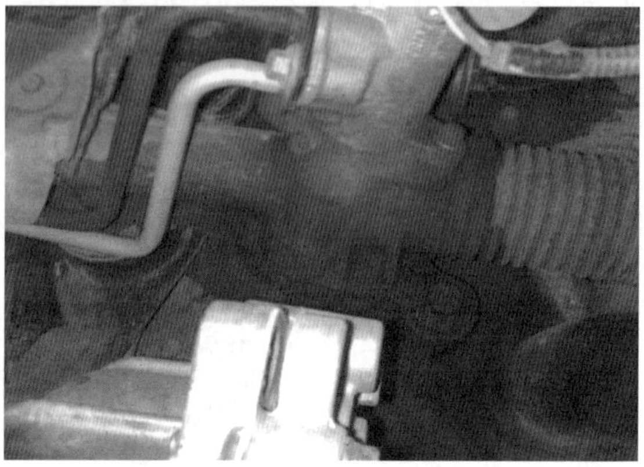

图 5 - 33 转向机漏油

3. 转向助力机构的维修工艺

转向助力机构主要由转向控制阀、转向动力缸以及将发动机输出的部分机械能转换为液压能的转向油泵、油罐等组成。较为常见的故障有：转向助力机构异响、漏油、助力不工作等。维修以更换对应的故障件为主。助力泵漏油如图 5 - 34 所示，油管漏油如图 5 - 35 所示。

图 5 - 34 助力泵漏油

图 5 - 35 油管漏油

(三) 维修工时

维修工时的执行标准根据不同地区、不同厂商、不同车型而有所不同，还跟工时单价有关，一般工时单价较低，维修工时数就较多，工时单价较高，维修工时数就较少。本书介绍的维修工时数以较高的工时单价为基准，所以工时数偏低，因为不同车型的工时单价及工时数都不同，在此仅作参考。

工时费的计算有一个比较简单的公式，即

工时费用＝工时单价×工时数

各个厂家对于工时单价都有明确的规定；而工时数量多少取决于所做的项目，工时数量内容包括：维修准备时间(包括业务接洽，生产计划、调度，生产场地、工具、配件准备等工作时间)；车辆故障诊断时间(含维修前检测、诊断时间)；实际施工时间；试验、调试时间；场地清理时间，以及施工的难易程度。

转向系统组件维修工时包括转向操纵机构拆装、转向机的拆装、转向助力机构的拆装等，如表5-4所示。

表5-4 转向系统组件维修工时

维修项目	维修工时/个
转向盘拆装	30.0
转向管柱拆装	160.0
转向机拆装	220.0
调整转向机	40.0
转向油泵拆装	160.0
转向油管拆装	90.0
转向油壶的拆装	50.0
测试液压助力	70.0

四、小组讨论（学生计划页）

<table>
<tr><td rowspan="4"></td><td>班级</td><td></td><td>小组</td><td></td></tr>
<tr><td>任务</td><td></td><td>自命题目</td><td></td></tr>
<tr><td>日期</td><td></td><td>指导教师</td><td></td></tr>
<tr><td>成员</td><td colspan="3"></td></tr>
<tr><td colspan="5">要求：根据所学内容，对已提出问题进行讨论。并在课余时间，查找资料，小组自行命题（与课程相关），总结讨论结果。
1. 请简述转向系统的组成。</td></tr>
</table>

2. 请写出下图中数字对应的名称。

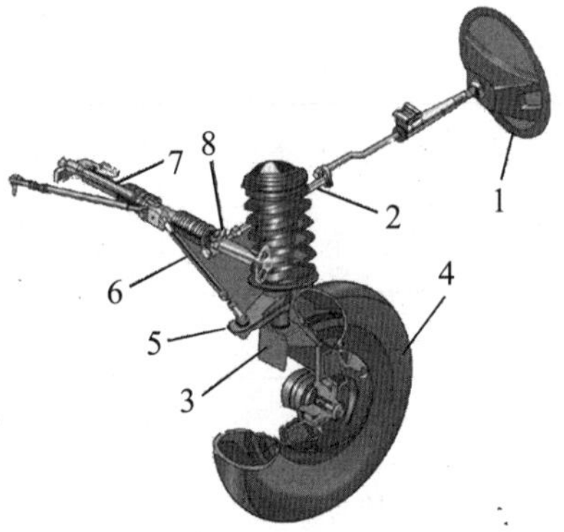

3. 分组讨论车辆转向操纵机构为什么要采用安全装置?

4. 更换新的转向横拉杆是否需要做四轮定位?

5. 如果转向助力机构不提供助力,转向系统还能正常工作吗?

6. 关于(   )的讨论:

五、评价(学生考核页)

班级		小组	
任务		自命题目	
成员			
日期			

一、小组代表陈述小组意见

二、教师对各小组意见进行点评

1. 转向助力油管漏油，是否会导致转向异响？

2. 思考：转向盘不正可以通过调整哪些位置来修复？

3. 请你简述转向助力油液的更换周期。

三、对小组自命题评价

1. 题目与维修工艺的契合度。

2. 自命题的意义。

任务5　驱动轴组件的维修

一、学习目标

1. 了解驱动轴的拆装方法；
2. 了解等速万向节的拆装方法；
3. 了解驱动轴组件的维修工艺及维修工时。

二、学习内容

1. 拆卸驱动轴；
2. 拆卸等速万向节；
3. 驱动轴的维修工艺及维修工时。

三、资讯

(一) 拆装步骤

1. 驱动轴拆装步骤

拆下左前轮→拆下轴头锁母→拆下传动轴内侧与变速器相连的法兰盘联接螺栓→拆开下控制臂球头锁母→取下驱动轴总成→按照相反顺序装回。驱动轴位置如图5-36所示。

2. 内外侧等速万向节拆装步骤

将驱动轴总成放在工作台上→松开卡子取下防尘套→用轻金属锤子(或铜棒)敲击万向节,使之与驱动轴分开→分解内侧等速万向节→分解外侧等速万向节→按照相反顺序装回。外侧等速万向节位置,如图5-37所示。

图5-36　驱动轴位置图

图5-37　外侧等速万向节位置

(二) 维修工艺

驱动轴是变速箱减速器与驱动轮之间传递扭矩的轴,其内外端各有一个万向节分别通过万向节上的花键与减速器齿轮及轮毂轴承内圈连接。驱动轴产生的故障通常都是在车辆行驶中才会有明显体现,较常见的故障有行驶抖动、行驶中异响等。车辆事故导致的驱动轴损坏通常需要更换总成,如图5-38所示。

内外侧等速万向节的损坏通常是因为橡胶防尘套漏油，或者内部磨损过大导致。内侧等速万向节，如图 5－39 所示。外侧等速万向节，如图 5－40 所示。如果没有明显的异响可以更换修理包进行修复，如图 5－41 所示。

图 5－38　事故车辆

图 5－39　内侧等速万向节

图 5－40　外侧等速万向节

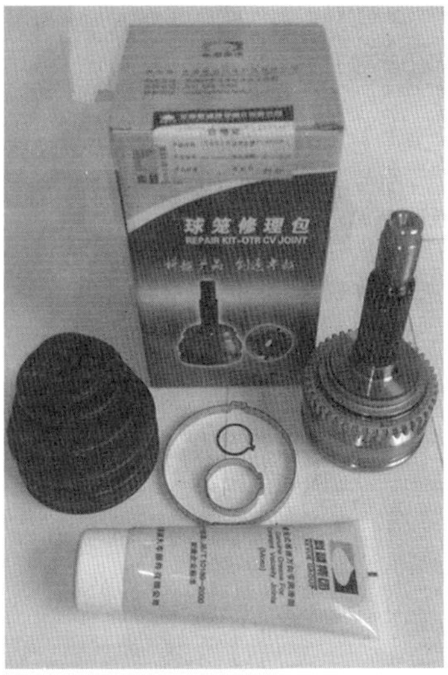

图 5－41　等速万向节修理包

(三) 维修工时

维修工时的执行标准根据不同地区、不同厂商、不同车型、有所不同，还跟工时单价有关，一般工时单价较低，维修工时数就较多，工时单价较高，维修工时数就较少。本书介绍的维修工时数以较高的工时单价为基准，所以工时数偏低，因为不同车型的工时单价及工时数都不同，在此仅作参考。

工时费的计算有一个比较简单的公式，即

工时费用＝工时单价×工时数

各个厂家对于工时单价都有明确的规定；而工时数量多少取决于所做的项目，工时数量内容包括：维修准备时间(包括业务接洽，生产计划、调度，生产场地、工具、配件准备等工作时间)；车辆故障诊断时间(含维修前检测、诊断时间)；实际施工时间；试验、调试时间；场地清理时间，以及施工的难易程度。

驱动轴组件的维修工时包括车轮的拆装、驱动轴拆装、万向节的修理等，如表 5－5 所示。

表 5-5 驱动轴组件维修工时

维修项目	维修工时/个
车轮拆装	20.0
驱动轴拆装	90.0
检查等速万向节	30.0
拆装内侧等速万向节	50.0
拆装外侧等速万向节	40.0

四、小组讨论(学生计划页)

<table>
<tr><td rowspan="4"></td><td>班级</td><td></td><td>小组</td><td></td></tr>
<tr><td>任务</td><td></td><td>自命题目</td><td></td></tr>
<tr><td>日期</td><td></td><td>指导教师</td><td></td></tr>
<tr><td>成员</td><td colspan="3"></td></tr>
</table>

要求：根据所学内容，对已提出问题进行讨论。并在课余时间，查找资料，小组自行命题(与课程相关)，总结讨论结果。

1. 简述驱动轴总成的拆卸步骤。

2. 请写出下图中所指数字对应的名称。

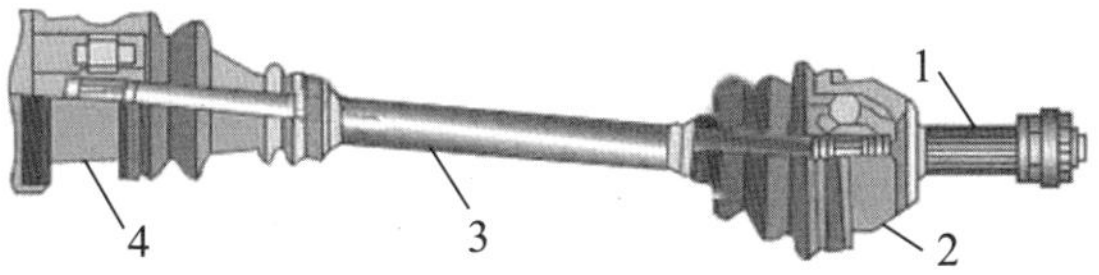

3. 请你向其他同学描述一下驱动轴在车辆什么位置。

4. 关于（　　　　　　　　　　　　　　　　　　　　）的讨论：

五、评价（学生考核页）

班级		小组	
任务		自命题目	
成员			
日期			
一、小组代表陈述小组意见			

二、教师对各小组意见进行点评

1. 前置前驱和前置后驱车辆在传动结构上有什么区别?

2. 等速万向节损坏,车辆会出现哪些故障?

3. 车辆的外侧等速万向节护套破损,请你说服客户更换护套。

三、对小组自命题评价

1. 题目与维修工艺的契合度。

2. 自命题的意义。

任务6 排气管组件的维修

一、学习目标

1. 了解排气管及组件的拆装方法；
2. 了解排气管机组件的维修工艺；
3. 了解排气管的维修工时。

二、学习内容

1. 拆装排气管；
2. 排气管的维修工艺；
3. 维修排气管的工时。

三、资讯

(一) 拆装步骤

拆除氧传感器→分离氧传感器支座→移除氧传感器→拆除前段排气管总成→松开螺栓，打开金属卡带→移除螺栓，弹簧和碗形密封垫→移除吊耳，取下前段排气管总成→移除吊耳→拆除消声器带排气管总成→取下消声器带排气管总成→安装消声器带排气管总成→安装前段排气管总成→安装氧传感器→检查排气泄露情况。排气管分解步骤，如图5-42所示。

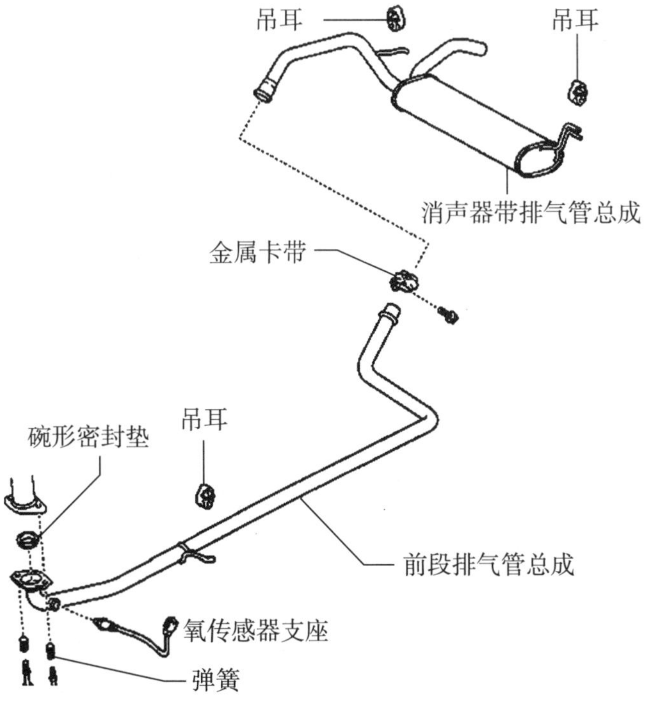

图5-42 排气管分解图

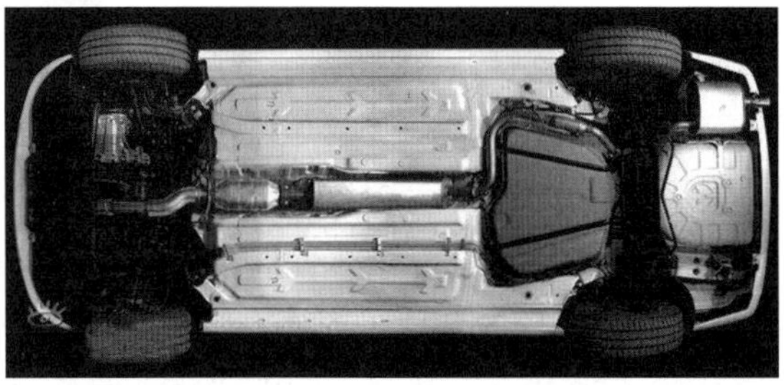

图5-43 排气管位置图

(二) 维修工艺

排气管安装于发动机排气歧管后面,排气管整个排气系统呈挠性联接,排气系统主要由要由排气管、催化式净化器、消声器、尾管等组成。排气管轻微变形或者破损,可以通过钣金工艺修复,而损坏严重的,则需要更换部件才能修复。排气管位置,如图 5-43 所示。

1. 排气管联接件的维修工艺

排气管通过吊耳的软性连接安装于底盘下,吊耳为橡胶材质,损坏不能修复只能更换部件,如图 5-44 所示。排气管歧管、三元催化器、消音器之间通常采用金属软管呈挠性联接,如图 5-45 所示,如果出现损坏只能更换部件进行维修。

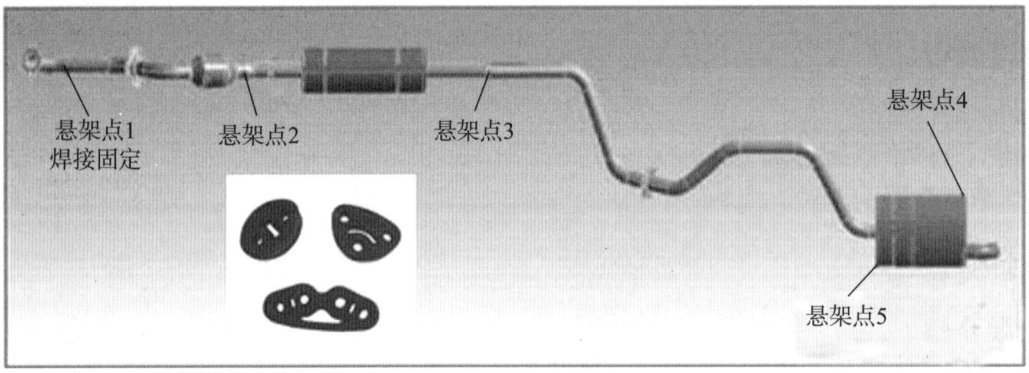

图 5-44 排气管吊耳

2. 排气管主要组件的维修工艺

排气管一般分为前段,中段和后段,前段包括三元催化器,中段部分车辆有前消音器,后段有后消音器和尾管。根据车辆故障现象判断具体位置,进行分段更换部件,如果是严重的事故车辆,一般可以更换排气管总成。排气管的组成,如图 5-46 所示。

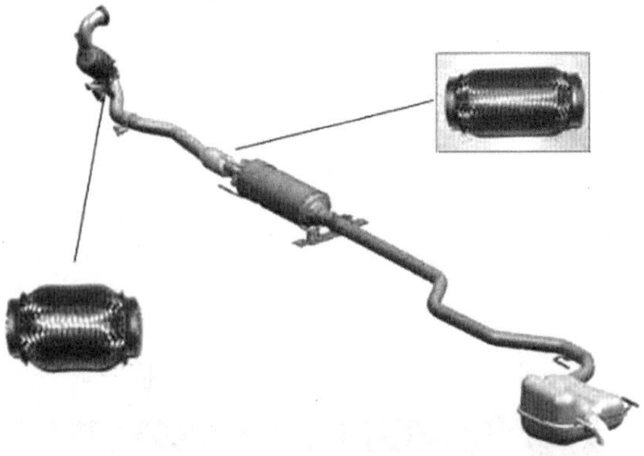

图 5-45 排气管挠性联接件

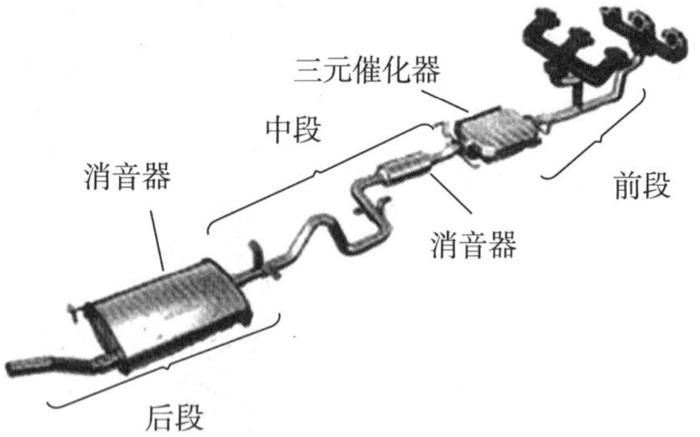

图 5-46 排气管的组成

(三) 维修工时

维修工时的执行标准根据不同地区、不同厂商、不同车型、有所不同,还跟工时单价有关,一般工时单价较低,维修工时数就较多,工时单价较高,维修工时数就较少。本书介绍的维修工时数以较高的工时单价为基准,所以工时数偏低,因为不同车型的工时单价及工时数都不同,在此仅作参考。

排气管组件的维修工时包括排气管的拆装、钣金的维修等,如表 5-6 所示。

表5-6　排气管组件维修工时

维修项目	维修工时/个
排气系统拆装	110.0
前段排气管拆装	70.0
中段排气管拆装	70.0
后段排气管拆装	40.0
三元催化器拆装	50.0
钣金维修	90.0

四、小组讨论(学生计划页)

	班级		小组	
	任务		自命题目	
	日期		指导教师	
	成员			

要求：根据所学内容，对已提出问题进行讨论。并在课余时间，查找资料，小组自行命题(与课程相关)，总结讨论结果。

1. 排气管由哪些部分组成？

2. 消音器和三元催化器各有什么作用?

3. 分组讨论排气管上的挠性联接有什么好处?

4. 查找资料分析排气管尾部为什么会滴水?

5. 关于(　　　　　　　　　　　　　　　　　　　　)的讨论:

五、评价(学生考核页)

班级		小组	
任务		自命题目	
成员			
日期			

一、小组代表陈述小组意见

二、教师对各小组意见进行点评

1. 排气管是否可以分段进行更换?

2. 分析车辆在停车熄火后,有时排气管上会发出"咔咔"的响声是否正常?

3. 车辆出现什么故障时需要更换三元催化器?

三、对小组自命题评价

1. 题目与维修工艺的契合度。

2. 自命题的意义。

学习情境6　常见电器件的维修

【学习目标】

1. 了解组合前照灯及组合尾灯的分类、拆装步骤、维修工艺和维修工时；
2. 了解刮水组件的分类、拆装步骤、维修工艺和维修工时；
3. 了解冷却系统的分类、拆装步骤、维修工艺和维修工时；
4. 了解安全气囊的分类、拆装步骤、维修工艺和维修工时；
5. 了解安全带的分类、拆装步骤、维修工艺和维修工时。

【情境导入】

一辆2006年款大众帕萨特乘用车，在高速行驶使，与一辆载货车相撞，造成前侧不同程度的损坏，根据以下学习内容，制定相应的定损依据，并配合维修厂家完成修理方案，包括工时、配件报价，如图6-1所示。

图6-1 事故现场

任务1 组合前照灯及组合尾灯的维修

一、学习目标

1. 了解组合前照灯及组合尾灯的种类；
2. 了解组合前照灯及组合尾灯的拆卸步骤；
3. 了解组合前照灯及组合尾灯维修工艺及维修工时。

二、学习内容

1. 组合前照灯及组合尾灯的种类；
2. 组合前照灯及组合尾灯的拆卸步骤；
3. 组合前照灯及组合尾灯维修工艺及维修工时。

三、资讯

(一) 组合前照灯及组合尾灯的种类

组合前照灯在汽车的前部，组合尾灯在汽车的后部，如图6-2(a)和图6-2(b)所示，它们主要是起照明和信号作用。有些车系的前照灯采用氙气装置、后尾灯采用LED组合设计，如图6-2(c)和图6-2(d)所示。

(二) 拆卸步骤

1. 组合前照灯的拆卸步骤(以别克君越为例)

打开机舱盖→松动前照灯蝶形螺母→拔下前照灯夹持器→断开电气连接器→取下前照灯总成。

2. 组合尾灯的拆卸步骤

打开后备箱盖→将后备箱地毯向后拉→松动转向信号灯/尾灯螺母→断开电气连接器→取下

(a) 组合前照灯

(b) 组合尾灯

(c) 氙气前照灯

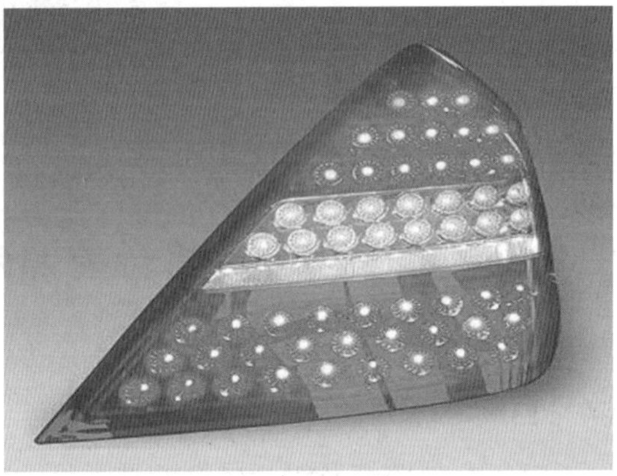

(d) LED组合尾灯

图 6－2　汽车外部灯光

尾灯总成。

(三) 组合前照灯及组合尾灯维修工艺

确定更换的灯具配件，必须达到损伤不可修复的程度，如碰撞引起的损坏大多数是灯壳体或灯表面的破损。破损形式主要有破碎、裂纹、固定爪断裂或划痕。如灯表面破碎、裂纹，应给予更换，如图 6－3 所示；如固定爪断裂轻微的，可以修复；如灯表面轻微划伤的，可抛光处理，如图 6－4 所示。在检查氙气前照灯装置时，查看是灯泡还是安定器损坏，灯泡和安定器可以单独更换。

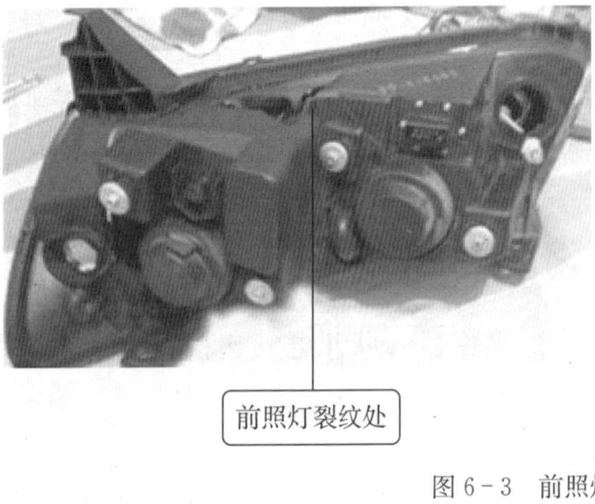

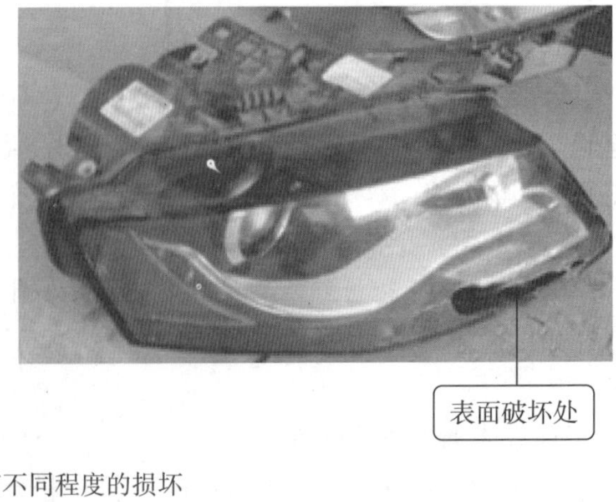

图 6－3　前照灯不同程度的损坏

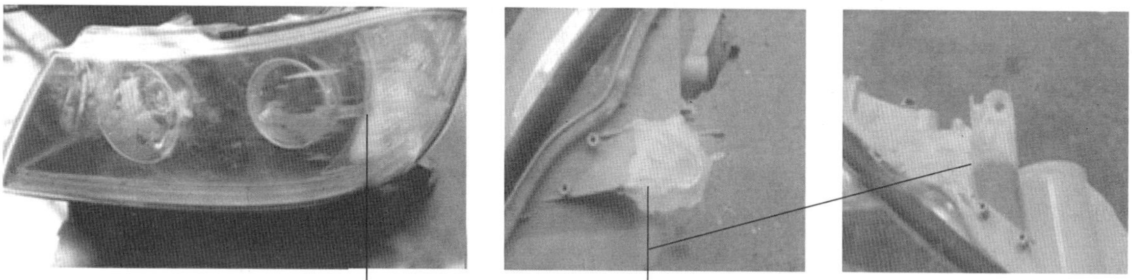

图6-4　表面和固定爪受损处

(四) 维修工时

组合前照灯及组合尾灯维修工时，如表6-1所示。

表6-1　组合前照灯及组合尾灯维修工时

作业项目	单位	维修工时/个					
		微型	普通	中级		中高级	高级
		≤1.1 L	>1.1 L~≤1.6 L	>1.1 L~≤1.6 L	>2.0 L~≤2.5 L	>2.5 L~≤4.0 L	>4.0 L
更换组合前照灯	一件	1.0	1.2	1.4	1.8	2.0	2.4
更换组合尾灯	一件	0.6	0.8	1.2	1.4	1.6	2.0
组合前照灯灯面的抛光维修	一件	1.5	2.0	2.5	3.0	3.5	4.0
组合尾灯灯角的维修	一件	1.0	1.2	1.8	2.0	2.5	3.0

四、小组讨论(学生计划页)

班级		小组	
任务		自命题目	
日期		指导教师	
成员			

要求：根据所学内容，对已提出问题进行讨论。并在课余时间，查找资料，小组自行命题(与课程相关)，总结讨论结果。

1. 请简述组合前照灯及组合尾灯在受损什么程度上属维修更换范围？

2. 组合前照灯及组合尾灯损伤后，没有达到更换标准客户要求更换，应该如何与客户交流解释？（拓展）

3. 组合前照灯及组合尾灯的更换、维修工时大概在多少范围内？

4. 简述组合前照灯及组合尾灯的维修工艺。

五、评价(学生考核页)

班级		小组	
任务		自命题目	
成员			
日期			

一、小组代表陈述小组意见

二、教师对各小组意见进行点评

1. 请简述组合前照灯及组合尾灯在受损什么程度上属维修更换范围?

2. 组合前照灯及组合尾灯损伤后,没有达到更换标准客户要求更换,应该如何与客户交流解释?(拓展)

3. 请问组合前照灯及组合尾灯的更换、维修工时大概在多少范围内?

4. 简述组合前照灯及组合尾灯的维修工艺。

三、根据院校实际配置,通过对各车系组合前照灯及组合尾灯的了解,掌握组合前照灯及组合尾灯的结构及易损点,简单阐述各组合前照灯面部及灯角轻微损坏的维修工艺

四、根据情境导入中2006年款大众帕萨特的事故现场,通过查找资料,制定相应的前照灯核损记录,同维修企业一起完善前照灯维修方案,包括工时、配件报价

项目	相关操作	单位	4S店工时/个	4S店配件价格	配件型号

任务2 刮水组件的维修

一、学习目标

1. 了解刮水器的分类；
2. 了解刮水器和清洗箱的拆卸步骤；
3. 了解刮水器和清洗箱的维修工艺及维修工时。

二、学习内容

1. 刮水器的分类；
2. 刮水器清洗箱的拆装步骤；
3. 刮水组件维修工艺及维修工时。

三、资讯

(一) 刮水器的分类

根据刮水器的安装位置不同可以分为：前风窗刮水器、后风窗刮水器和前照灯刮水器，如图6-5所示。根据刮水器的功能设置不同可分为：手动和自动装置两种，如图6-6所示。

(a) 前照灯清洗装置　(b) 前风窗清洗装置　(c) 后风窗清洗装置

图6-5 刮水器

(二) 拆卸步骤

1. 刮水器的拆卸步骤

拆掉刮水臂护片→松动刮水臂螺丝→拆掉风窗玻璃流水槽盖板→松动刮水器总成螺丝→断开电气连接器→取下刮水器总成。

2. 清洗箱的拆卸步骤

打开发动机罩→松动清洗液箱上部螺钉→松动清洗液箱下部螺钉→断开电气连接器→断开水管连接口→取下清洗液箱总成。

(三) 维修工艺

在40°或正面撞击的交通事故中，最容易损坏的是前照灯清洗装置的刮水片和刮水器，如图6-6所示。因碰撞导致刮水片、刮水臂、刮水器电动机的损坏，以更换为主；固定支架、联动杆等的轻微变形、弯曲，以修复为主，严重变形可考虑更换；刮水器喷水壶破损漏水，以更换为主；刮水器喷水电动机、喷水管和喷水嘴损坏，以更换为主，如图6-7所示。

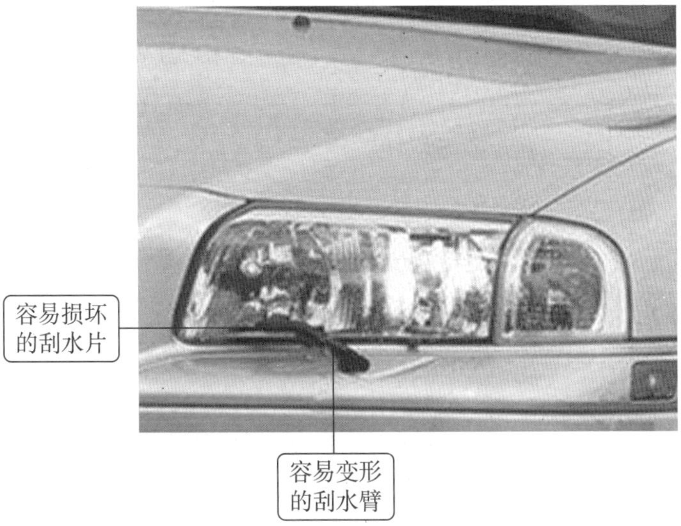

图 6-6 前照灯清洗装置

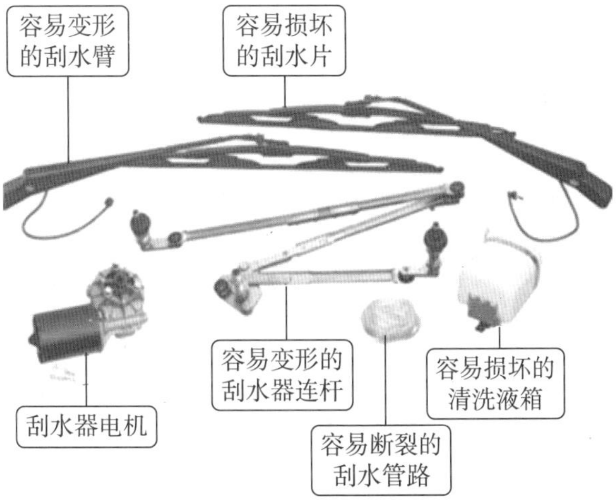

图 6-7 刮水清洗装置

(四) 维修工时

刮水组件的维修工时(应根据地区不同,适时核定),如表 6-2 所示。

表 6-2 刮水组件维修工时

作业项目	单位	维修工时/个					
		微型	普通	中级		中高级	高级
		≤1.1 L	>1.1 L~≤1.6 L	>1.1 L~≤1.6 L	>2.0 L~≤2.5 L	>2.5 L~≤4.0 L	>4.0 L
更换前刮水器总成	一件	1.0	1.2	1.6	2.0	2.5	3.5
更换刮水清洗液箱	一件	0.5	1.0	1.5	2.0	3.0	3.5
更换后刮水器总成	一件	1.0	1.5	1.8	2.0	2.4	3.0
更换前照灯清洗装置总成	一件				2.0	3.0	3.5

四、小组讨论(学生计划页)

班级		小组	
任务		自命题目	
日期		指导教师	
成员			

要求：根据所学内容，对已提出问题进行讨论。并在课余时间，查找资料，小组自行命题(与课程相关)，总结讨论结果。

1. 请简述刮水器在受损什么程度上属保险理赔范围？

2. 刮水臂损伤后，客户要求更换刮水臂、刮水片，应该如何与客户交流解释？(拓展)

3. 在一次轻微交通事故中，客户反应刮水器在本次事故中损坏，要求赔付，请问应该如何与客户交流，并且刮水器的损坏是否在本次理赔范围内？

4. 刮水器更换工时包括哪几部分？

五、评价(学生考核页)

班级		小组	
任务		自命题目	
成员			
日期			

一、小组代表陈述小组意见

二、教师对各小组意见进行点评

1. 请简述刮水器在受损什么程度上属保险理赔范围?

2. 刮水臂损伤后,客户要求更换刮水臂、刮水片,应该如何与客户交流解释?(拓展)

3. 在一次轻微交通事故中,客户反应刮水器在本次事故中损坏,要求赔付,请问应该如何与客户交流,并且刮水器的损坏是否在本次理赔范围内?

4. 刮水器更换工时包括哪几部分?

三、根据院校实际配置，通过对各车系的了解，掌握各车系刮水器、清洗液箱的结构，了解刮水器、清洗液箱的易损点，简单阐述刮水臂轻微损坏的维修工艺

四、根据情境导入中2006年款大众帕萨特的事故现场，通过查找资料，制定相应的前刮水器、清洗液箱核损记录，同维修企业一起完善刮水器、清洗液箱维修方案，包括工时、配件报价

项目	相关操作	单位	4S店工时/个	4S店配件价格	配件型号

任务3　冷却系统组件的维修

一、学习目标

1. 了解冷却系统的类型；
2. 了解冷却系统的拆卸步骤；
3. 了解冷却系统的维修工艺及维修工时。

二、学习内容

1. 冷却系统的类型；
2. 冷却系统的拆卸步骤；
3. 冷却系统的维修工艺及维修工时。

三、资讯

(一) 冷却系统的类型

汽车冷却系统按类型可分为液冷和风冷。风冷现在极少数车采用，在这里不再解释，液冷汽车的冷却系统通过发动机中的管道和通路进行液体的循环。

(二) 拆卸步骤

举升车辆→待温度降低后松动放水螺栓→拆卸上水管→拆卸排气管→拆卸暖风装置的进回水管→拆卸上水管→拆卸下水管→拆卸节温器→拆卸水泵→拆卸膨胀箱→拆卸散热风扇→拆卸散热器或一体拆卸散热器。

(三) 维修工艺

当汽车发生正面撞击或侧面撞击时，冷却系统中最容易损坏的就是散热器、膨胀箱、蒸汽管路、连接软、硬管路、散热风扇、水泵等部件。如框架轻微变形，可以修复；如框架部分损伤，只需更换相应损伤部件；如框架严重变形，应整体更换。在发生正面或侧面撞击后，撞击力大于保险杠硬度值时，散热器及风扇将受到不同程度的损坏。根据撞击力的大小散热器及风扇可分为轻度损伤、中度损伤、严重损伤三个等级，如图6－8所示。轻度损伤给予焊补修复即可；中度损伤在维修费低于更换的价格时应给予整形焊补维修；高度及严重损伤时，应给予更换。

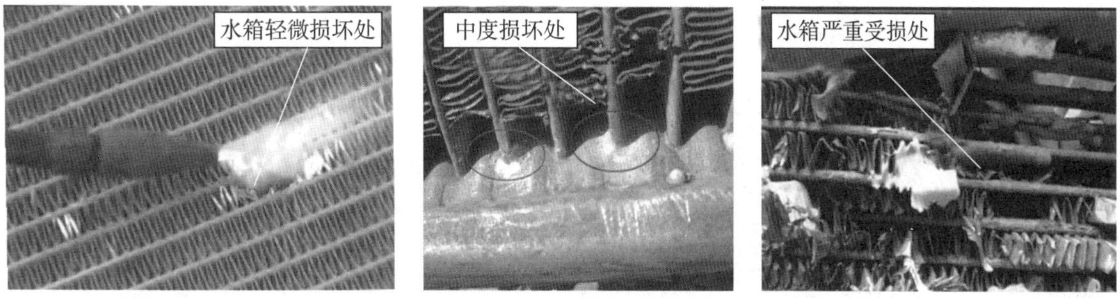

图6－8　受损不同程度的散热器

1. 蒸汽管路、膨胀箱

蒸汽管路和膨胀箱因受热时间较长，在发生碰撞时易出现断裂，如图6－9所示，属更换部件。

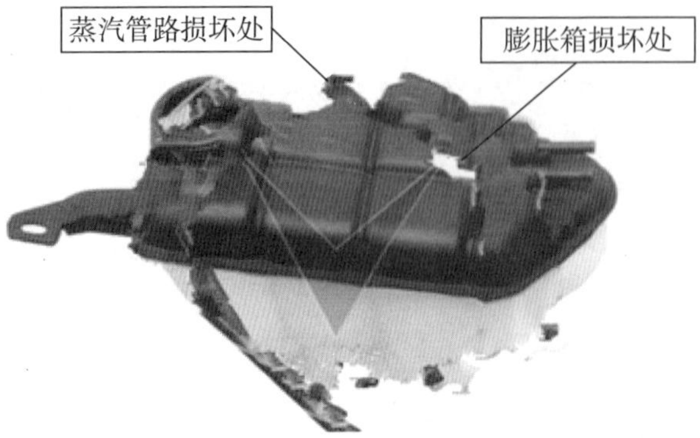

图 6-9　断裂的蒸汽管路和膨胀箱

2. 连接软、硬管路

有些车系的冷却管路采用软管和金属管路相连接，在一般事故中不会出现损坏现象，在软硬管路连接处易出现渗水，维修时拆卸金属管。腐蚀严重时，应给予更换；轻微腐蚀时，修理涂抹密封胶即可。有些车系采用塑料带有化学成分的硬管连接，在发生撞击后易出现断裂，如图 6-10 所示，一旦断裂后将无法修复使用。

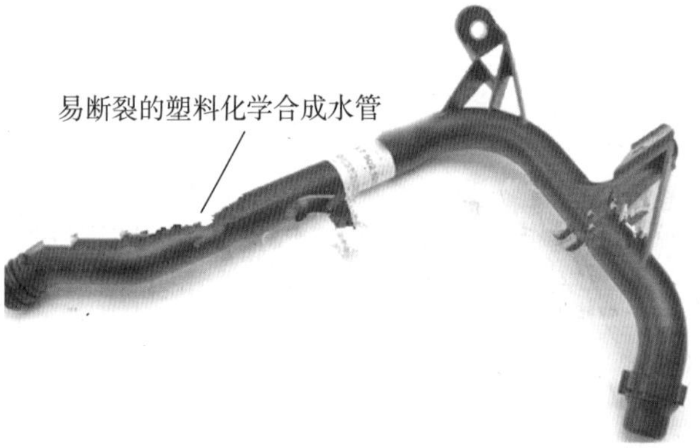

图 6-10　塑料化学合成水管

3. 水泵

一些大众品牌车系的水泵外壳采用塑料化学合成加工而成，如图 6-11 所示。在遭受撞击力后会出现轻微裂纹现象，裂纹出现后无法修复。也有一些车系采用金属加工而成，一般撞击不会出现损坏。

图 6-11　水泵

(四) 维修工时

冷却系统的维修工时(请参照当地4S店收费标准适时核定),如表6-3所示。

表6-3　冷却系统维修工时

作业项目	单位	维修工时/个					
		微型	普通	中级		中高级	高级
		≤1.1 L	>1.1 L~≤1.6 L	>1.1 L~≤1.6 L	>2.0 L~≤2.5 L	>2.5 L~≤4.0 L	>4.0 L
更换冷却风扇	一件	1.5	1.8	2.0	2.5	3.0	4.0
更换散热器	一件	0.5	1.0	1.5	2.0	3.0	3.5
更换水泵	一件	1.0	1.5	1.8	2.0	2.4	3.0
更换膨胀箱	一件	0.5	0.8	1.2	1.6	2.0	2.5
更换上水管	一根	0.5	0.8	1.4	2.0	3.0	3.5
更换下水管	一根	0.5	0.8	1.4	2.0	3.0	3.5
维修上水管	一根	0.3	0.8	1.2	1.6	2.0	2.5
维修下水管	一根	0.3	0.8	1.2	1.6	2.0	2.5
更换节温器	一个	1.0	1.3	1.8	2.0	3.0	4.0
更换蒸汽管路	一根	0.5	1.0	1.2	1.4	1.8	2.0
维修散热器	一件	1.0	1.2	1.6	2.0	2.4	3.0

四、小组讨论(学生计划页)

班级		小组	
任务		自命题目	
日期		指导教师	
成员			

要求：根据所学内容,对已提出问题进行讨论。并在课余时间,查找资料,小组自行命题(与课程相关),总结讨论结果。

1. 简述在撞击力超出保险杠硬度值时冷却系统有哪些易损部件?

2. 冷却系统哪些部件可以修复?

3. 区别维修和直接更换工时的差异。

4. 在勘察一辆斯柯达明锐理赔现场,撞击力均没有超出保险杠硬度值,客户反映膨胀箱损坏,是否在理赔范围?

五、评价(学生考核页)

班级		小组	
任务		自命题目	
成员			
日期			

一、小组代表陈述小组意见

二、教师对各小组意见进行点评

1. 简述在撞击力超出保险杠硬度值时冷却系统有哪些易损部件?

2. 冷却系统哪些部件可以修复?

3. 区别维修和直接更换工时的差异。

4. 在勘察一辆斯柯达明锐理赔现场,撞击力均没有超出保险杠硬度值,客户反映膨胀箱损坏,是否在理赔范围?

三、根据院校实际配置，通过对各车系冷却系统的了解，掌握各车系冷却系统的结构及易损点，简单阐述冷却系统中易损部件轻微损坏的维修工艺

四、根据情境导入中2006年款大众帕萨特的事故现场，通过查找资料，制定相应的冷却系统核损记录，同维修企业一起完善冷却系统的维修方案，包括工时、配件报价

项目	相关操作	单位	4S店工时/个	4S店配件价格	配件型号

任务4　安全气囊组件的维修

一、学习目标

1. 了解安全气囊的种类；
2. 了解安全气囊的拆卸步骤；
3. 了解安全气囊的维修工艺及维修工时。

二、学习内容

1. 安全气囊的种类；
2. 安全气囊的拆卸步骤；
3. 安全气囊的维修工艺及工时。

三、资讯

(一) 安全气囊的种类

按照气囊的数量可分为单气囊系统、双气囊系统和多气囊系统。单气囊系统(只装在驾驶人侧)一般应用于低档汽车上，双气囊系统(驾驶人及副驾驶侧各有一个安全气囊)一般应用于中档汽车上，多气囊系统(前排安全气囊、后排安全气囊、侧面安全气囊)一般应用于高档汽车上。下面以双气囊系统为例作介绍。

(二) 双安全气囊系统

双安全气囊系统就是在驾驶人及副驾驶侧各有一个安全气囊，驾驶人气囊安装在转向盘的中央，如图6-12所示，气囊的大小因制造公司的不同是有所差别的。副驾驶侧安全气囊，如图6-13所示，安装在副驾驶座椅正前方、仪表板上的杂物箱和仪表板之间。由于副驾驶侧安全气囊距离副驾驶人的距离比较远，因此副驾驶侧安全气囊的体积比驾驶人气囊的体积大。

图6-12　驾驶人侧安全气囊

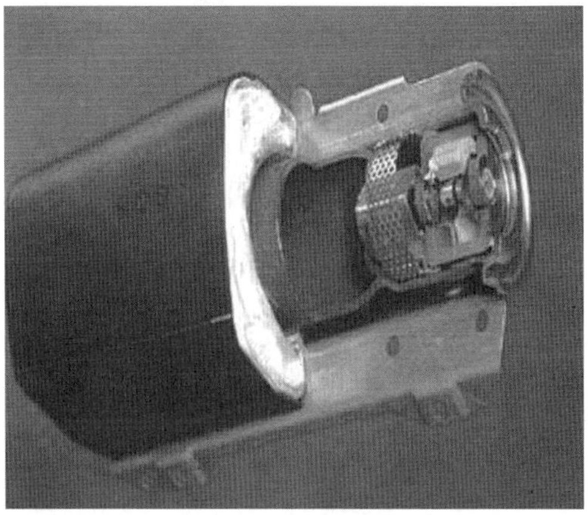

图6-13　副驾驶侧安全气囊

(三) 拆卸步骤

1. 驾驶人侧安全气囊的拆卸步骤(以本田雅阁为例)

断开蓄电池负极电缆并等候3 min以上→拆下转向盘的检修板→断开螺旋导线线盘2芯插头

和驾驶人侧气囊 2 芯插头之间的连接→拆卸转向盘的护盖→用 Torx T30 钻头卸下 2 条专用 TORX 螺栓→拆下驾驶人侧气囊，如图 6－14 所示。

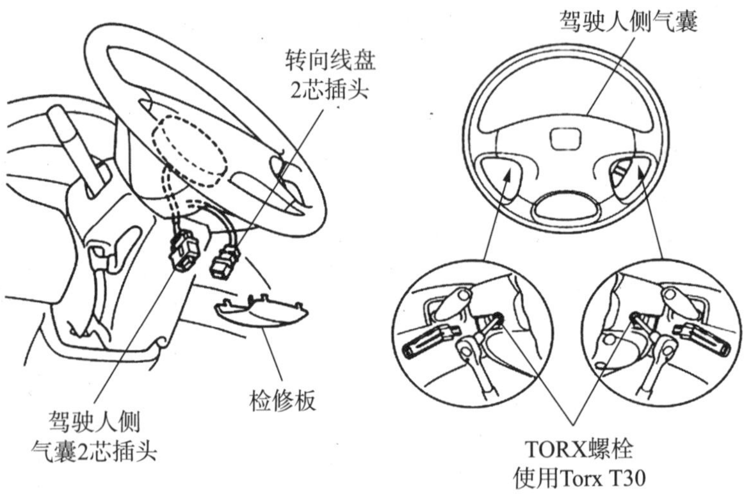

图 6－14　驾驶人侧安全气囊拆卸步骤

2. 副驾驶侧安全气囊的拆卸步骤

断开蓄电池负极电缆并等候 3 min 以上→拆下杂物箱→断开气囊主线束 2 芯插头和副驾驶侧气囊 2 芯插头之间的连接→拆下夹子→松动气囊紧固螺母→拆下副驾驶侧气囊，如图 6－15 所示。

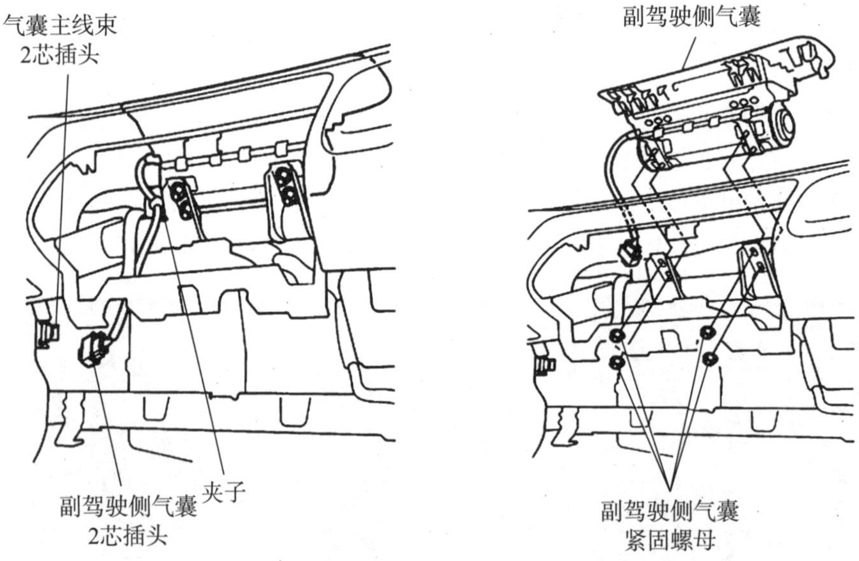

图 6－15　副驾驶侧安全气囊拆卸步骤

（四）维修工艺

安全气囊系统在下列情况下不会工作：汽车遭受侧面碰撞超过斜前方±30°角时（无侧面保护装置）；汽车遭受横向碰撞时；汽车遭受后方碰撞时；汽车发生绕纵向轴线侧翻时；纵向减速度值未达到设定阈值；汽车正常行驶、正常制动和在路面不平的道路上行驶时。安全气囊一旦引爆，安全系统所包括的驾驶人侧和副驾驶侧的座椅安全带收紧装置、气囊、控制电脑、碰撞传感器都需要维修更换。

(五) 维修工时

本田雅阁安全气囊系统的维修工时(其他车型请参照当地4S店收费标准适时核定),如表6-4所示。

表6-4　安全气囊系统维修工时

作业项目	单位	维修工时/个					
		微型	普通	中级		中高级	高级
		≤1.1 L	>1.1 L～≤1.6 L	>1.1 L～≤1.6 L	>2.0 L～≤2.5 L	>2.5 L～≤4.0 L	>4.0 L
驾驶人侧气囊模块-拆卸与安装	一件	0.4	0.8	1.2	1.6	2.0	3.0
副驾驶侧气囊模块-拆卸与安装	一件	0.4	0.8	1.2	1.6	2.0	3.0
驾驶人侧气囊模块-拆卸与安装(已爆开)	一件	2.0	2.5	2.8	3.0	3.4	4.0
副驾驶侧气囊模块-拆卸与安装(已爆开)	一件	1.5	2.0	2.3	2.5	3.0	3.4
气囊控制电脑更换安装	一根	1.2	1.5	2.0	2.4	3.0	4.0
碰撞传感器更换安装	一根	1.0	1.3	1.8	2.0	2.3	2.5

四、小组讨论(学生计划页)

班级		小组	
任务		自命题目	
日期		指导教师	
成员			

要求:根据所学内容,对已提出问题进行讨论。并在课余时间,查找资料,小组自行命题(与课程相关),总结讨论结果。

1. 安全气囊一般在哪几种情况下不会引爆?

2. 请问安全气囊引爆后还需要更换哪些装置?

3. 请问安全气囊引爆后的更换工时大概在多少范围内?

4. 一辆 2007 年本田雅阁事故车,驾驶人侧安全气囊引爆后,副驾驶侧无人乘坐,请问安全气囊需要更换吗?

5. 安全气囊在更换完后需要用诊断仪器再次进行检测吗?

6. 一辆 2004 年本田雅阁事故车,碰撞范围以超出安全气囊引爆参数,但气囊没有引爆,客户要求更换安全气囊,该如何与客户进行交流?

五、评价(学生考核页)

<table>
<tr><td>班级</td><td></td><td>小组</td><td></td></tr>
<tr><td>任务</td><td></td><td>自命题目</td><td></td></tr>
<tr><td>成员</td><td colspan="3"></td></tr>
<tr><td>日期</td><td colspan="3"></td></tr>
<tr><td colspan="4">一、小组代表陈述小组意见</td></tr>
<tr><td colspan="4">二、教师对各小组意见进行点评
1. 安全气囊一般在哪几种情况下不会引爆?
2. 请问安全气囊引爆后还需要更换哪些装置?
3. 请问安全气囊引爆后的更换工时大概在多少范围内?
4. 一辆 2007 年本田雅阁事故车,驾驶人侧安全气囊引爆后,副驾驶侧无人乘坐,请问安全气囊需要更换吗?
5. 安全气囊在更换完后需要用诊断仪器再次进行检测吗?</td></tr>
</table>

6. 一辆 2004 年本田雅阁事故车，碰撞范围以超出安全气囊引爆参数，但气囊没有引爆，客户要求更换安全气囊，该如何与客户进行交流？

三、根据院校实际配置，通过对各车系安全气囊的了解，掌握各车系安全气囊的结构及易损点

四、根据情境导入中 2006 年款大众帕萨特的事故现场，通过查找资料，制定相应的安全气囊组件核损记录，同维修企业一起完善安全气囊组件的维修方案，包括工时、配件报价

项目	相关操作	单位	4S 店工时/个	4S 店配件价格	配件型号

任务5　安全带组件的维修

一、学习目标

1. 了解安全带的种类；
2. 了解安全带的拆卸步骤；
3. 了解安全带的维修工艺及工时。

二、学习内容

1. 安全带的种类；
2. 安全带的拆卸步骤；
3. 安全带的维修工艺及工时。

三、资讯

(一) 安全带的种类

安全带按结构及性能可分为无锁式安全带、自锁式安全带、紧急锁止式安全带、预紧式安全带。现在大多数汽车都配置紧急锁止式安全带和预紧式安全带，下面我们以这两种安全带为重点进行介绍。

紧急锁止式安全带是指乘员用较小的外力就能把织带拉出，在汽车正常行驶状态下，织带随乘员需要自由伸缩；但当汽车速度急骤变化时，其锁止机构锁止并保持束紧力的安全带。紧急锁止式安全带可分为织带拉出加速度敏感式(简称织带敏式)、汽车加速度敏感式(简称车体敏感式)和上述两者均敏感的复合敏感式安全带。敏感度以百分位计算，单位为分秒(cs)。紧急锁止式安全带大多应用在低档车或后排座椅中，如图6－16所示。

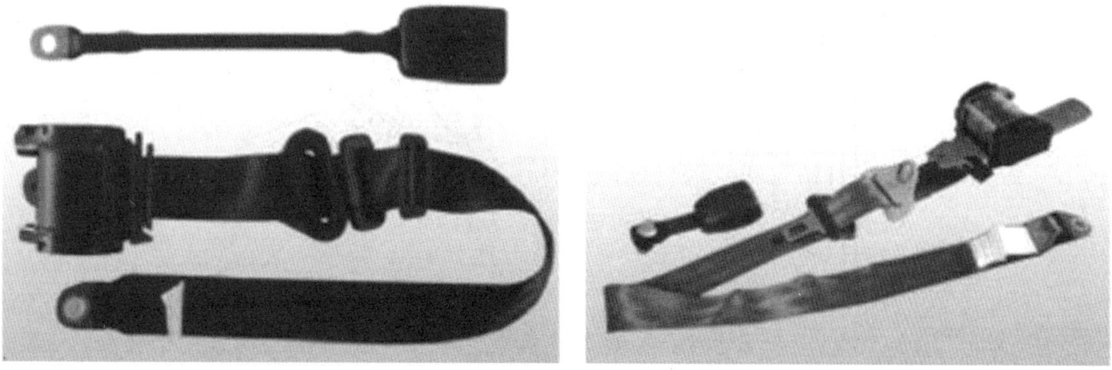

图6－16　紧急锁止式安全带

预紧式安全带从使用状况分析属于被动防护。其功能在碰撞后速度急骤变化时才显示出。而预紧式安全带最大的特点是它不但具有紧急锁止式安全带功能，还与汽车主控电脑连接受主控电脑电信号控制，其功能与安全气囊很相似，属主动防护。敏感度以千分位计算，单位为毫秒(ms)。预紧式安全带大多应用在中、高档车中，如图6－17所示。

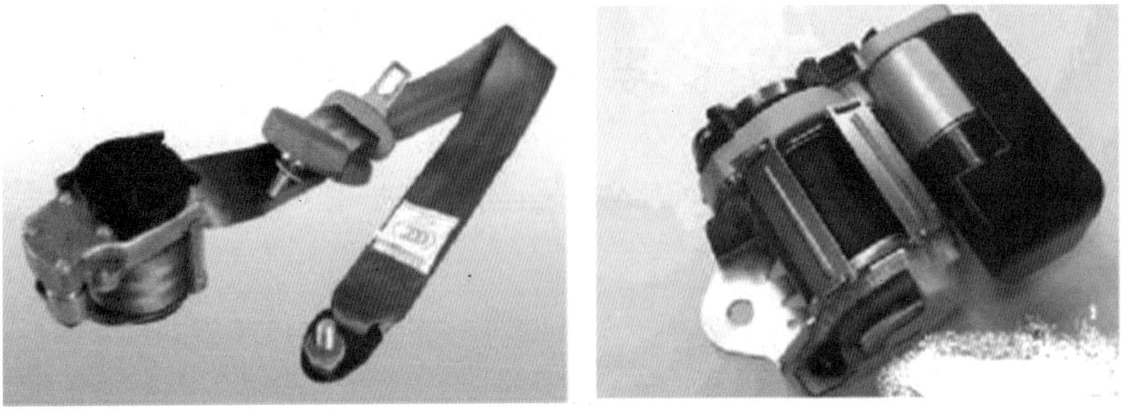

图 6－17　预紧式安全带

(二) 拆卸步骤

1. 紧急锁止式安全带拆卸步骤

将前座椅滑动至底端→拆下前门槛压板→拆下后门槛压板→拆下 B 柱下护板→拆卸导向环固定点螺钉→拆卸织带下固定点螺钉→拆卸卷收器下固定点螺钉→拆卸带扣下固定点螺钉→取下安全带，如图6－18所示。

2. 预紧式安全带拆卸步骤

将前座椅滑动底端→拆卸前后门槛装饰垫→拆卸中心柱下部装饰板→拆卸上下部固定外罩→拆卸上下部固定螺栓→拔掉收缩装置连接器→拆卸收缩装置螺栓→拆卸带扣下固定点螺栓→取下安全带，如图 6－19 所示。

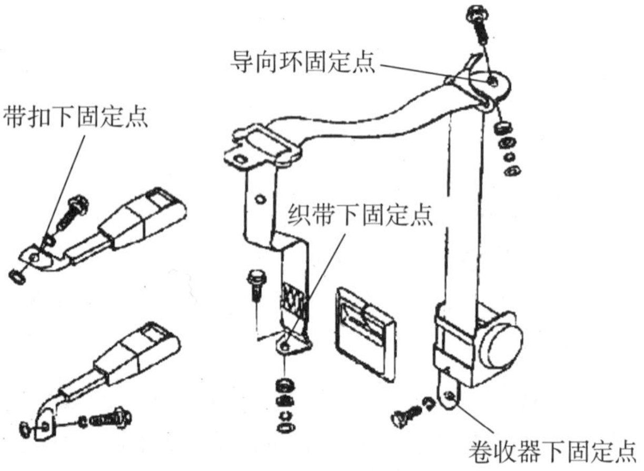

图 6－18　紧急锁止式安全带拆卸步骤

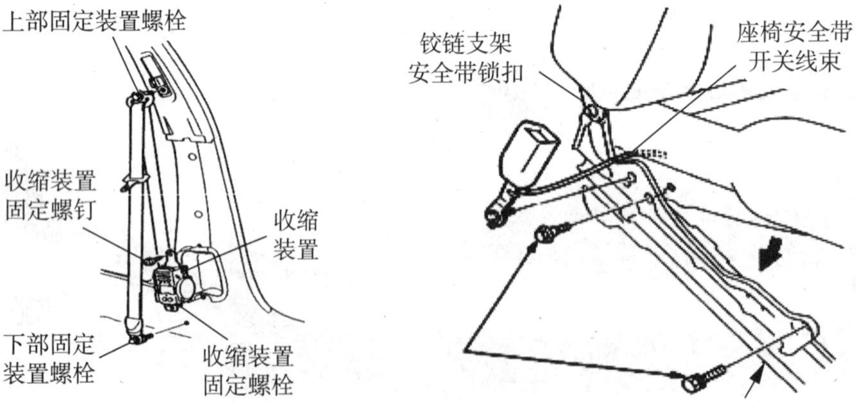

图 6－19　预紧式安全带拆卸步骤

(三) 维修工艺

1. 紧急锁止式安全带的维修工艺

在装有紧急锁止式安全带的车辆上，出现碰撞力较小时，安全带一般不易损坏；如出现较大的事故，收缩装置、织带、卷收器、带扣下固定点螺栓处较容易损坏，上述部件损坏后一般采取直接更换。

2. 预紧式安全带的维修工艺

在装有预紧式安全带的车辆上，如碰撞力没有超出碰撞传感器的设定值时，安全带、收缩装置一般不易损坏；如碰撞力超出碰撞传感器的设定值时，收缩装置将自动引爆、防止驾驶室室内人员二次碰撞的情况发生，收缩装置引爆后，不得再次利用，直接更换。

(四) 维修工时

本田雅阁安全带的维修工时(其他车型请参照当地4S店收费标准适时核定)，如表6-5所示。

表6-5　安全带组件维修工时

作业项目	单位	维修工时/个					
		微型	普通	中级		中高级	高级
		≤1.1 L	>1.1 L~≤1.6 L	>1.1 L~≤1.6 L	>2.0 L~≤2.5 L	>2.5 L~≤4.0 L	>4.0 L
前排座椅安全带的拆卸/安装或更换	一根	0.4	0.6	1.0	1.6	2.0	2.5
后排座椅安全带的拆卸/安装或更换	一根	0.4	0.6	1.0	1.6	2.0	2.5
前排座椅安全带锁扣的拆卸/安装或更换	一个	0.2	0.5	0.8	1.2	1.5	1.8
后排座椅安全带锁扣的拆卸/安装或更换	一根	0.2	0.5	0.8	1.2	1.5	1.8
后排座椅中间安全带的拆卸/安装或更换	一件	0.2	0.5	0.8	1.2	1.5	1.8

四、小组讨论(学生计划页)

班级		小组	
任务		自命题目	
日期		指导教师	
成员			

要求：根据所学内容，对已提出问题进行讨论。并在课余时间，查找资料，小组自行命题(与课程相关)，总结讨论结果。

1. 中高档乘用车配有哪种安全带装置？

2. 驾驶人侧安全带的维修工时大概在多少范围内？

3. 一辆装有预紧式安全带装置的事故车，驾驶人侧安全带装置引爆后，副驾驶侧、后排座椅无人乘坐，请问安全带需不需要更换？

4. 预紧式安全带在更换完后需要用诊断仪器再次进行检测吗？

五、评价(学生考核页)

班级		小组	
任务		自命题目	
成员			
日期			

一、小组代表陈述小组意见

二、教师对各小组意见进行点评

1. 中高档乘用车配有哪种安全带装置?

2. 安全带的更换工时大概在多少范围内?

3. 一辆装有预紧式安全带装置的事故车,驾驶人侧安全带装置引爆后,副驾驶侧和后排座椅无人乘坐,请问安全带需不需要更换?

4. 预紧式安全带在更换完后需要用诊断仪器再次进行检测吗?

三、根据院校实际配置，通过对各车系安全带的了解，掌握各车系安全带的结构及易损点

四、根据情境导入中2006年款大众帕萨特的事故现场，通过查找资料，制定相应的安全带组件的核损记录，同维修企业一起完善安全带组件的维修方案，包括工时、配件报价

项目	相关操作	单位	4S店工时/个	4S店配件价格	配件型号

代　跋

实施 EIS 平台战略、建立教产合作长效机制

——在全国机械职业教育教学指导委员会委员扩大会议上的发言

邹晓东　博士
全国机械职业教育教学指导委员会产教合作促进与指导委员会　主任委员
上海中锐教育投资(集团)有限公司　董事　总经理

中锐教育集团是总部设立在上海的教育投资、教育管理和教育服务机构，成立于 1996 年，迄今已有 17 年办学历史。我们先后投资兴办了多种不同类型的学校，包括无锡南洋职业技术学院、新加坡南洋现代管理学院、苏州外国语学校、合肥外国语学校，还有专门为在华外籍人士子女开设的伊顿国际学校等比较知名的学府。还协助政府开发、建设教育园区，如苏州高教园区、上海中锐教育港等。职业教育是中锐教育集团的核心和龙头。我们始终在研究如何为经济与社会发展提供更好的教育服务，如何为重点产业发展提供更有力的人才支撑。2007 年，中锐教育集团投资并创立“华汽教育”品牌，首先在汽车职业教育领域探索、实践，并取得阶段性的经验和成果。

把我们这几年的经验进行归纳，可以总结为以下三句话：“建立岗位人才标准、实施教产平台战略、落实两个支撑”。

首先，建立岗位人才标准。五年来，我们与大型汽车企业一起研究、开发和制订企业岗位人才标准，并将岗位标准导入职业教育的教学标准，以此为基准构建标准化的人才培养体系，包括符合行业和企业需求的人才能力模型和培养标准、符合教育和认知规律的培养计划和课程、立体化的教材、课件、仿真软件系统、师资标准和认证，以及企业级的校内实训中心建设，组织开展独具特色的全国性学生技能大赛，等等。我们每年举办的“华汽教育教学研讨会”，已经成为中锐与全国合作企业、合作院校共同推动定标、贯标、教改、课改的一种有效机制和传统。部分企业岗位标准正在上升为行业标准。

实施 EIS 平台战略。我们将汽车职业教育利益关联的若干特定群体，包括教育者和供给者(院校)、学习者(学生)、使用者(企业)等，联结在“华汽教育”的平台上并促进其交流和互动；今天，该平台上已经有全国 40 所高职院校、50 家全国性的大型汽车企业集团(我们牵头创建了 50club 全国汽车企业人力资源发展联席会议)，而为学习者提供职业发展和终身教育服务的“中锐汽车人才网”则联系着数万名在校生和几十万名在职学习者。“共同办学、共同育人、共同投资、共同发展”，办学规模和办学质量不断提升，“华汽教育”全国院校已经成为我国汽车行业高素质高技能人才输出的重要平台。

EIS 平台正在继续纵深发展：2013 年，我们与中国最大的汽车集团之一的庞大集团、合资设立

的大型培训基地——河北庞锐汽车商学院已经开学，该基地专门为全国院校汽车专业高年级学生提供3～6个月岗前培训和向大型企业集团规模输出高素质高技能毕业生，目标年培训1万人次。2013年，专门为中职院校和中职学生量身定制的“优卡曼”项目也正式推出，首批11所院校已签约。我们将紧抓岗位标准、全面升级和推出第三代华汽课程体系；在全国100所高职或中职院校投资建设实训中心；与汽车行业共同打造三到四个大型、区域性培训基地，全面对接大型汽车企业集团的全国布局和人才需求。

落实两个支撑，即落实教育国际化支撑和教育信息化支撑以促进持续提升。中锐教育集团在1999年就获得了教育部颁发的全国首批出国留学服务资质，14年来，在帮助数以万计的学子出国深造的同时，也积极开展国际教育合作，持续学习、借鉴、引进国际先进教育资源、先进教育理念和方法；在汽车职业教育领域，重点学习和借鉴德国双元制职业教育模式和美国社区学院的学历衔接模式。同时，我们深刻认识到教育信息化，既是手段，也是目的；2012年7月，中国第一家专业研发汽车仿真实训软件的沈阳敏捷科技公司整体加入中锐教育集团；2012年10月，“华汽教育全国院校教研平台”建设项目正式启动；2012年12月，“华汽教育中央演播室”建设项目正式启动。

2010年10月11日，中锐教育集团荣获“全国汽车行业示范职教集团”称号；2010年12月13日，教育部副部长鲁昕女士亲自为中锐教育集团与辽宁装备制造职业技术学院共建的“中锐汽车学院”揭牌；2011年，中锐教育集团又先后荣膺“全国商业服务业校企合作与人才培养优秀企业”和“全国服务外包人才培养校企合作贡献奖”；2011年，共有11名华汽教师获得“全国教师教学能力竞赛”大奖，全国高职高专校长联席会和教育部职成司领导专门为教师颁奖并祝贺。2012年4月，中锐教育集团举办第二届“中锐杯”全国职业院校汽车专业学生技能大赛，参赛院校134个，规模空前。2012年12月，中锐教育集团荣膺“新浪教育盛典全国最具品牌知名度职教集团”。

我国正处于发展实体经济和发展职业教育的最佳时期。中锐教育集团将继续不懈努力，将“华汽教育”教产合作平台模式从规模、范围、质量、效益等多个维度上推向新的高度；借鉴“华汽教育”已取得的教产合作经验，中锐教育集团将为社会、行业和院校奉献更多的优秀产品和服务。

2013年4月13日

中锐教育集团与上海通用汽车公司签订ASEP合作项目

中锐教育集团与上海大众汽车公司签订SCEP合作项目

中锐教育集团华汽学子自主研制“中锐1号”赛车参加“第三届”中国大学生方程式汽车大赛

《东方卫视》现场采访中锐教育集团合作伙伴AHK德方负责人Jan Noether博士

中锐教育集团与南京依维柯汽车公司签订战略合作协议

中锐教育集团与中国汽车工业国际合作总公司签订人才合作协议

中锐教育集团成功承办“2011年教育部全国高职高专第二届汽车系主任论坛”

中锐教育集团成功举办“2012中国上海·职业教育合作高峰论坛”

中锐教育集团成功承办“2013年全国机械职业教育教学指导委员会扩大会议”

中锐教育集团连续举办“中国汽车经销商企业人力资源发展联席会议”

中锐教育集团牵手全国排名第一的大型汽车企业—庞大汽贸集团共建庞锐汽车商学院

中锐教育集团每年举办“全国华汽教育教学工作研讨会”

中锐教育集团每年举办“全国华汽教育师资培训”

中锐教育集团成功举办“2013第三届中锐杯全国职业院校汽车专业学生技能大赛”（江西南昌）

中锐教育集团成功举办“2011年全国高等学校汽车专业学生职业技能大赛”（江西南昌）

中锐教育集团成功举办“2012年全国高等学校汽车专业学生职业技能大赛”（江苏南京）